JN303388

子どもは小さな数学者

子どもをみつめる心理学／子どものなかの40億年

糸井尚子

学文社

はじめに

　算数の能力はどのように発達するのでしょうか。また，算数の能力を伸ばすために親や教師はどのようにかかわることが望ましいのでしょうか。

　子どもは幼い時から，数の能力を発揮します。数の世界へ子どもの興味が広がっていくことは，子どもにとっても，親や教師にとっても楽しいことです。

　しかし，勉強することの意義はしばしば見失われがちです。親は，子どもはのびのび遊ぶべきと考えたり，逆に受験のためには早く塾に行ったほうがよいのでは，などと思ったりするのではないでしょうか。子どもが自分のもてる能力を十分発揮しようとするのは，自然なことでもありますし，子どもにとって大切なことでもあると考えられます。

　この本では赤ちゃんのときから，子どもがどのように算数の能力を発達させていくかについて考え，親や教師のかかわり方を考えていきます。また，「能力」についてどのように考えるべきかについても新しい考えかたを紹介します。

　この本が算数を通して，子どもと親や教師のコミュニケーションに役立つことを願っています。

2008年5月

糸井 尚子

目　次

0章　子どもは小さな数学者　　7
　なぜ，算数をやらなくてはいけないの？　9

1章　乳幼児期の算数能力　　11
　2の発見…1歳から2歳にかけて　16
　数えることの大切さ…2〜3歳の子どもたち　18
　数のおわり…4〜5歳の子どもの能力　20
　遊びの中の数の力　22
　数を使う遊び　24
　計算の能力と記憶　25
　算数能力の発達とコミュニケーション　26

2章　小学校の算数へ…学校算数への導入　　31
　数えることから計算へ　31
　九九を覚える　33
　九九の法則を発見する　35

3章　誤答から学ぶ…問題解決のプロセス　　37
　計算間違い…問題解決のプロセスの情報源　37
　バグは複合する　41
　おとなは子どもの誤答の原因を突き止めることができるか　42
　計算や数式の意味を学習する　1倍ってなに？…かけ算の意味　43
　プラスとマイナス　44
　小数の計算間違い　46
　分数　48
　小さな子どもも分数を理解する　49

分数を図で教える　　51
　　等分割の図を書く　　52
　　等分割の図と分数　　55
　　分数の難しさ　　59
　　割合の理解　　60
　　線形ミス・コンセプション　　62
　　コミュニケーションの中から学ぶ　　64

4章　小学校で学ぶ算数の各領域…算数の問題解決と認知能力　69

　　立体の問題…空間的能力からの変換　　70
　　文章題を解く…文の構造をつかむ力　　72
　　図を使って文章題を解く　　73
　　グラフを書く…メタ認知でプランを立てる　　75
　　平行四辺形の面積…記憶の中で知識の組み立ては変化する　　77

5章　算数に取り組む子どもの気持ち　81

　　適切にほめる　　81
　　内発的動機づけ…知的好奇心　　82
　　算数の知・情・意　　83
　　失敗の原因をどこにもっていくか？　　84
　　計算のトレーニングで自分のイメージを形成する　　87
　　算数・数学とコミュニケーション　　88
　　子どもと一緒に親も成長する　　90

6章　40億年の学習…算数・数学についての行動遺伝学的研究　93

　　40億年の学習の伝達　　94
　　個人差はどうして生まれるか　　95
　　遺伝も環境も　　96
　　ポリジーン・システム　　98
　　能力を運ぶ遺伝子　　101
　　「遺伝的」という仮定の社会的効用　　102

測定される知能　104
能力は高いほうがよいか　105
能力の生涯発達　106
遺伝率　107
知能の遺伝率　110
算数・数学の学力についての行動遺伝学的研究　111
日本での算数・数学の遺伝率　113
知能・学力・認知技能　113
算数・数学の遺伝子はあるか？　115
算数・数学の能力と脳　116
行動遺伝学的研究から学力にいえること　118
個人差と教育　118
分数の苦手なA君　120
さまざまな知能　121
能力を生かす　122

コラム

1　2の定義：序数と基数　19
2　数唱　21
3　ピアジェの発達段階　29
4　ヴィゴツキー：
　　他者との対話によって思考が生まれる　67
5　ヤーキーズ・ドッドソンの法則　85

おわりに　125
引用文献　127
索　引　131

0章　子どもは小さな数学者

　子どもに絵本を読んであげることがとても大事であることはよく言われます。絵本を子どもに読み聞かせて、しだいに自分でも読むことができるようになれば自分の世界を広げることができます。国語の力もつくでしょう。では、算数の力を子どもにつけさせるために、子どもが小さいときには何をしてあげればよいのでしょうか？

　そのためには子どものことばや行動をよく見たり、聞いたりしてみてほしいのです。子どもは小さな科学者だといわれます。体は小さくとも身の回りの世界からさまざまなことを発見し続けていると考えられるからなのです。子どもは小さな数学者でもあります。数の世界を自分でどんどん発見していっていると考えられるのです。

　けれども、子どもは教えなければ計算なんてできないし、数字だって書けないし…、と思われることでしょう。確かに、きちんと覚えなくてはいけないこともたくさんあります、しかし子どもたちは日々数学を発見していっているのです。

　赤ちゃんがしだいにことばを話すようになり、少しずつことばの数が増えてくると、「もっと」とか「もひとつ」などとおかわりを催促することばを使うようになります。これは立派な数量に関する理解に基づくことばです。スーパーでレジに並ぶとき、「じゅんばん、じゅんばん」と言ったりします。このことばも数に関する重要な知識を示しているのです。

　子どもがこんなことばを発したときに、人間がもっている能力に

驚きます。生まれて1年と少しくらいの間に，実は数に関する能力をすでに発揮していると考えられるのです。

「もひとつ」や「じゅんばん，じゅんばん」ということばは，もちろん子どもは周囲の人から聞いたことをまねて発しているのですが，それが適切な場面で使えるということは適切な理解ができていることをあらわしています。少しずれた使い方をしていてもそれは子どもの実験です。ここでは使えるのかしら？　この場面で使うとどうなのかしら？　と試しながら数や量に関する理解を深めていっているのです。

こんなことばを子どもが発するのを聞いたら，「すごい！　天才じゃないかしら！」と思うと楽しいのではないでしょうか？　そんなことはどこの子でも同じでしょ？　当たり前なのでしょう，と思われるかもしれません。確かにそうですが，つまりどの子も天才なのです。

現在，育児の情報はさまざまなメディアから大量に発信されています。そのため，客観的に子どもを見がちになるかもしれません。しかし，やはり，育てる人が「親ばか」であることは子どもにとってとても大切なことです。

「もひとつ！」とおやつのおかわりを催促すると，「あら，数がわかってるんだわ！」と育てる人がニコニコするだけで子どもは楽しくなりますし，もっとこのことばを使ってみよう！　と世界に対する「知的探索」の意欲がでます。このような場面からも，子どもの数に対する興味が育っていくと考えられます。

算数・数学を好きになってほしいけど，どうしたらよいのかわからない，そんなときにこの本を読んでほしいと思います。親や教師

はどのように子どもの算数・数学能力の発達に関わっていけばよいのか，どうすれば，算数・数学能力をのばせるのか，ということを考えていきたいと思います。

なぜ，算数をやらなくてはいけないの？

　算数・数学はどこから始まるのでしょうか？　そもそもなぜ算数や数学を勉強する必要があるのでしょうか。

　計算の練習をする，公式を覚えるなど算数・数学を勉強するときには努力を要します。算数や数学の勉強がいやになると，「九九なんて覚えなくても生きていける。電卓があるもん。」とか，「微積なんて一生使わない！」などと思います。これはそのときに学習している算数・数学の意味がわからない，面白くない，覚えられないときに出てくることばです。自分が子どものときにこんな気持ちになったことのある人も多いことと思います。年月がたって，今度は自分が子どもに教えていてこんなことばを聞くと，「本当にそうよね。」と思いながらも，なんとか勉強してもらおうと答えることばを探します。

　こんなとき，頭ごなしにしかってみても，「それならやらなくていいよ！」と脅かしても子どもは反発を感じるだけです。子どもたちもそれなりに，学校でやることを勉強しなくては…，受験に必要だから…，ということは知っているのです。わからなくてつらい気持ちでいることを受け入れてあげることも大切かもしれません。どうやってその課題を乗り切るか具体的な手段を一緒に考えること，

そしてやがては子どもが自分で解決策を考えることができるようになるととてもよいと思います。

　算数・数学がわからないときには算数・数学は学校や受験で押しつけられてやらされている災難のように思えます。自分とは関係の無いところで作り上げられたものをほかの人から押しつけられているように思えます。

　しかし，算数・数学はもともと私たちの内側にあるものだと考えられています。ものごとを考える私たちがもっている能力こそが算数・数学だと考えられるのです。私たちがもっている論理の能力を整理していったものが算数・数学なのです。

　だから，私たちが自分や次世代の子どもたちの算数・数学能力を伸ばそうと考えるとき，自分や子どもの中にある能力に目を向けてそのことについてコミュニケーションを図っていくことが大切なのです。

1章　乳幼児期の算数能力

　近年の研究では，ヒトは生まれてすぐに算数能力を発揮できるようになると考えられています。5ヶ月くらいの赤ちゃんですら，ものの数に対して反応することが実験によって知られるようになりました。算数は身近にあるものではなく，抽象的で，理解しにくいものと考えられがちですが，生後まもなく，算数能力を発揮できると考えられるようになりました。

　生後5ヶ月の赤ちゃんが小さい数の足し算，引き算を行えることがK. ウインの実験によって示されました (Wynn, 1992)。赤ちゃんは話すことはできませんが，興味のあるものをじっと見つめることが知られています。逆に興味のないものには注視時間が短くなるとされています。このことを使って，画面の中で足し算，引き算の場面を見せて，赤ちゃんの注視時間から，赤ちゃんが物の数の増減に何らかの興味を示すかどうかが測定されました。赤ちゃんの前に画面を置いて，画面の中で手が伸びてきてミッキーマウスの人形がひとつ置かれます。画面の中についたてが立ち上がり，人形が見えなくなります。そこにまた，手が伸びてきてついたての中にミッキーマウスの人形をもうひとつ置きます。ついたてが取り払われると，2つの人形が現れます。このとき，足し算どおり2つの人形が現れる状態と，1つの人形が現れるというありえない状態との2つの状態での間で赤ちゃんの注視時間が比較されました。そこでありえな

◆ 「1+1＝2　あるいは 1」の条件の流れ ◆

1. ケースの中にモノが置かれる

2. ついたてがあがる

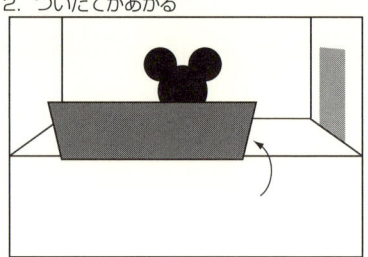

3. 第2のモノが加えられる

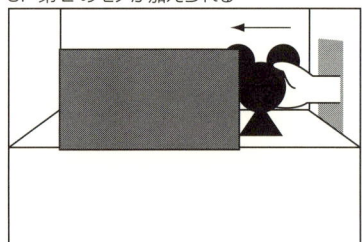

4. 手には何もない

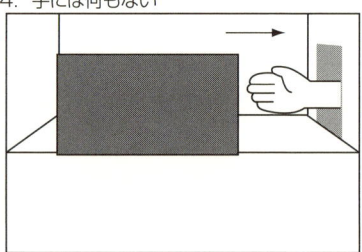

次に起こりうる結果

5. ついたてがとられる　　　　モノが2つ現れる

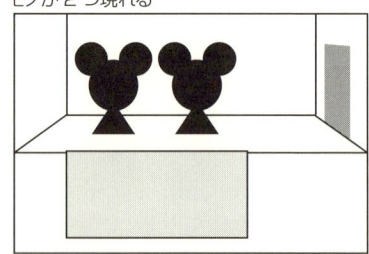

もしくは起こりえない結果

5. ついたてがとられる　　　　モノが1つ現れる

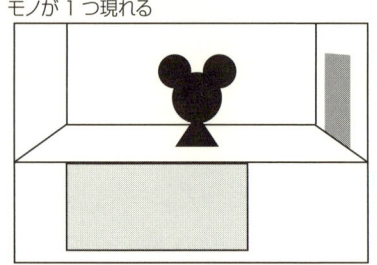

図1　赤ちゃんの算数　Wynn（ウイン）の実験1-1

1章　乳幼児期の算数能力

◆ 「2−1＝1　あるいは2」の条件の流れ ◆

1. ケースの中にモノが置かれる
2. ついたてがあがる
3. 何も持っていない手が入る
4. モノが1つとられる

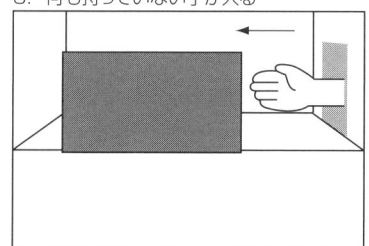

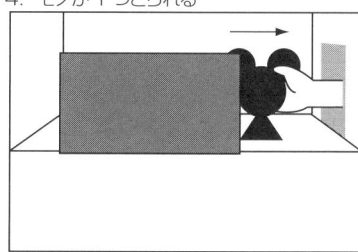

次に起こりうる結果
5. ついたてがとられる　　モノが1つ現れる

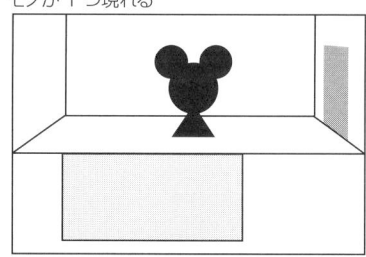

もしくは起こりえない結果
5. ついたてがとられる　　モノが2つ現れる

赤ちゃんの算数　Wynn（ウイン）の実験1-2

い状態の場合に統計的に有意に長い注視時間が観測されました。2つのお人形から1つが取り去られる場面など，いくつかの足し算・引き算の場面が示されましたが，これら簡単な足し算・引き算の場面でありえない答えが提示されたときに，赤ちゃんが長い間，注視することが見られました。計算として当たり前のことでは，赤ちゃんは驚かず，じっと見つめたりはしませんでした。しかし計算上ありえない場面ではじっと画面を見つめるということがわかったのです。ここから5ヶ月の赤ちゃんが足し算・引き算の能力をもっていると考えられています。

　このような実験は赤ちゃんの能力を調べるために特別な状況で行われたものです。しかし，ここから私たちはいろいろなことを学習することができます。赤ちゃんは，何も話せないし，数字を書けるわけでもないのだから，何もわからない存在なのだ…と考えることはできないのです。話せなくても，ただ，赤ちゃんが何を見ているかをじっと観察するだけで赤ちゃんのもっているすばらしい能力に気づくことができるのです。

　赤ちゃんは算数の能力をもっているのだから，早く計算ができるように教えよう…というのではありません。赤ちゃんが何に興味をもち，世界に何を見つけようとしているのか親や子どもの養育にあたる人に気づいてほしいと思います。

　何かが起きるとそれに対応した変化が起きる…このことが法則性の発見です。やがては $y = f(x)$ という関数の理解にもつながります。自分が声を出したりすると，自分の声が聞こえる…こんなことからも赤ちゃんは世界を発見しています。これを J. ピアジェとい

う心理学者は循環反応と呼んでいます（ピアジェ，1978）。ママと言えるようになると「ママ」と声を出すとママが「はーい」と答えてくれる，そのことが楽しくて何度も「ママ」と呼んで「はーい」と答えてもらうことを繰り返します。それは，しばしば，数十回にも及ぶ長い呼びかけあいとなることがあります。時々，お母さんの中で「何度も「ママ」と言うのは私がママだとわかっていないからでしょうか。」という方がいますが，そうではありません。「ママ」がわからなくて何度も確認しているのではなくて，「ママ」－「はーい」という関係を理解して楽しんでいるのです。赤ちゃんは，ことばが出る前から，自分の行動で世界が変化することを確かめています。同じ行動を繰り返して同じ変化を観察することは生後すぐから見られることですが，実は胎児期でも観察できます。お母さんのおなかの中でお母さんをけったとき，お母さんが赤ちゃんのあんよをちょっと押し返すと，赤ちゃんがさらにけってくる，これを繰り返すこともしばしば観察されることです。こんなちょっとした赤ちゃんの行動も，世界を関数的に理解しようとする行動の表れなのだと考えると，赤ちゃんと関わることがおとなにとってもさらに楽しいこととなります。

　乳児期から赤ちゃんは自分の周りのできごとを見たり，聞いたりしながら世界を広げていきます。おとなとの何気ないやり取りのなかからたくさんの知識を吸収していきます。赤ちゃんの行動を注意深く見ていると，いろいろなことに気づきます。
　ただし，この年齢の子どものことばの発達のスピードは個人差がとても大きいものです。1人ずつの子どもの発達に即してじっくり

みていくことが大切です。

2の発見…1歳から2歳にかけて

　子どもは2をどのように発見するのでしょうか？「りんご」はそのものを見せることによって子どもに教えることができます。しかし，「2」そのものというものはありません。イチゴが2つでもクッキー2つでもなく「2」そのものというものは示すことができないのです。ところが，私たちはごく当たり前のように2という数の概念を使っています。私たちはいつの間にか数をごく当然のこととして使っています。数の意味を伝えるのはあたりまえすぎて難しいことです。

　2歳になる前の子どもが2について自分の理解を示す場面がありました。いくつかの小さな半透明のボールで遊んでいるときです。母親の片方の手をとってその上に「ひとつ，もひとつ」と1つずつ順に2つのボールを乗せ，母親のもうひとつの手にまた，「ひとつ，もひとつ」と1つずつ順に2つのボールを乗せました。そして，母親の両方の手をさしながら「（おん）なじ」と言うのです。これは図式的な2の定義の形をしています。2ということばは使えないのですが，「ひとつ」と「もひとつ」ということばを使って2の成り立ちを示しています。1という数とその次の数という序数の構造（順序性）と要素と要素の対応に基づく基数の構造（数の大きさ）を示すことが理解されているようにみえます。

　このような日常の遊びの場面の中で，数学的に2の定義が行われていたのです。この場面では子ども自身も面白かったでしょうし，

1章　乳幼児期の算数能力

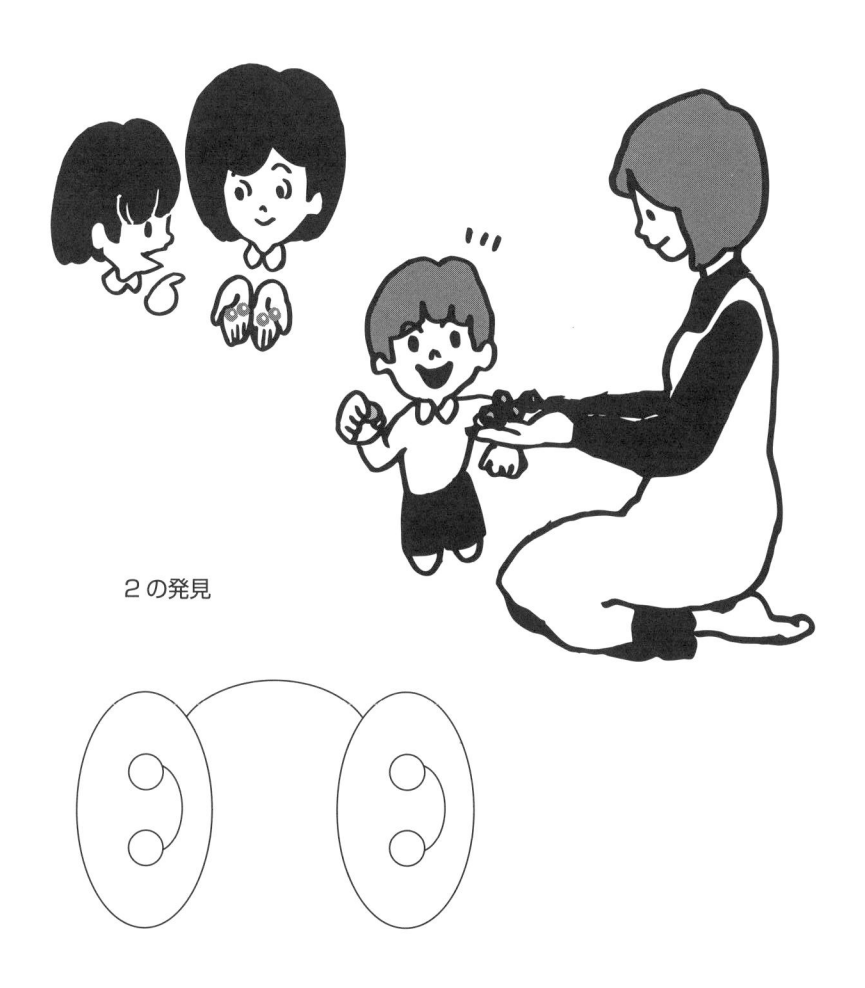

2の発見

　母親はとても驚きましたので，何度も繰り返してこの遊びが行われました。

　「ひとつ」と「もひとつ」という2つのことばと「同じ」という概念をつかって，小さな子どもはこんな数の世界を構築しはじめるのです。

数えることの大切さ…2～3歳の子どもたち

　乳幼児期はことばの発達などの個人差がとても大きいのですが，ことばの発達の早い子どもでも遅い子どもでも，ことばが出始めると数も数えるようになります。

　机の上に同じものが並んでいるとき，階段を上るとき，子どもは数えるのが大好きです。同じ形のものが並んでいると特に数えたいというモチベーションが上がるといわれています。
　数え始めのときは「イチ，ニ，サン，シ，ゴ，…」とはきちんと数えられないものです。ごく初めの時期はたとえば，「ゴ，ゴ，ゴ，…」と5だけしか出てこない数唱でもやはり数唱のスタートです。合っているのはリズムだけだとしても数えようとし始めているので楽しく見守りたいものです。
　「イチ，ニ，サン，シ，ヨン，ゴ，…」などと誤った形であってもすぐに矯正しようとはしないで次第に正しい数え方を習得するのを待ちましょう。
　また，数えるものへの指差しと「イチ，ニ，サン，シ，ゴ，…」のことばがきちんと対応していないこともありますが，それもあわてないでゆっくりじょうずになることを待ちましょう。
　数を唱えているときの小さな子どもたちは気持ちを集中させて，真剣に，時には歌うように一所懸命数えます。そのときの表情はとてもかわいらしくて真剣さが神々しいほどです。
　数唱を子どもとたくさん繰り返していくことはとても楽しいこと

コラム1
2の定義：序数と基数

　自然数には序数と基数があります。序数は数の順序を，基数は数の大きさを表します。どちらが数学的な概念として先行するのか，また，心理学的にどちらがより早く獲得されるのかということは大きなテーマです。数の順序と大きさの違いはふだんはあまり意識されないかもしれません。

　序数とは順序のことであり，数とその後継者（successor）との関係です。したがってすべての数にその次successorがあるという数学的帰納法の性質です。

$$1 \to 1+1$$
$$2 \to 2+1$$
$$\vdots$$
$$k \to k+1$$

　基数とは数の大きさで，一対一対応の関係から成り立ちます。2つの数（集合）が同じ大きさであるかどうかはその2つの数（集合）の要素の間に一対一対応が成り立つかという事によります。

　ピアジェという心理学者は発達の初期から2つの数の性質が不可分に発達すると考えています。

　1歳児が2を定義するときに見られた行動は，1と「その次の数」（successor）という順序とその要素の間の一対一対応とを使い，2個となった集合同士の対応を示す形となっています。やはり，序数と基数は不可分な形で発達の初期から出現すると考えられるのです。

です。足し算・引き算などができるようになるのはこの数の列の上で起こるのであって，計算を電車にたとえれば数唱は線路のようなものです。数唱の線路の上で足したり，引いたり，が行われます。数えることはとても大切な算数・数学への準備なのです。

数のおわり…4～5歳の子どもの能力

4～5歳になってくると数を数えたりする中から，数の法則性なども次第にことばにできるようになってきます。

数唱を身につけていくとき，実は子どもたちは本当に1を聞いて10を知るようになるのです。自分で数えられるのは20くらいまでであっても，あるいは100という数の名前を知っていて，しかし，そこまで数唱でたどり着けなくても，子どもたちは数がまだまだたくさんあることを知っています。

「数はどんどん作っていったら，どうなるの？」「百，千，万の次はなに？その次は？」といった疑問を子どもたちは聞いてきます。この疑問は，数がどんどん作っていけるということを知っているから出てくる疑問なのです。

子どもたちに「1の次は？　その次は？　その次は？」と聞いて「そんなふうに数を作っていくと数に終わりはあるかしら？」と，4～6歳の子どもに聞きました（糸井，1989）。そうすると半数の子どもが「おわりはない」と答えます。「どうして？」と聞くと，「数は100が終わりかと思うと，100と次まである。」「数はどんどん続いていっていつまでたっても終わらない。」などと答えます。数はそ

コラム2

数唱

　ゲルマンとガリステルは，2〜4歳児の数える行動から，幼児のあやふやにみえる数える行動にも原理があることを見出しました。子どもの数唱は，ただ，音のまねをしているのではないことが指摘されました。

　子どもが数を数え始めたとき，「イチ，ニ，サン，シ，ヨン，ゴ，ナナ，ジュウ，…」とおとなのようにきちんとした数え方ではありません。しかし，おとなでも外国語の数唱を覚えるときには似たような状況になります。数のひとつずつの名前が正確でなくてもその数唱はシステムがあると考えられるのです。もう一度数えてもらってもその子なりに一貫した数え方になっていることが多いのです。始めの間は一貫している部分は少ないのですが，それでもその子なりの数唱のシステムがあるのです。この「イチ，ニ，サン，シ，ヨン，ゴ，ナナ，ジュウ，…」と，一定に定まった順序で数えることは「順序安定性の原理」と名づけられました。

　ものを数えるときに，指差したりしながら，ひとつのものにひとつの名前を対応させようとすることは「一対一の原理」と呼ばれます。この対応も初めのうちはおぼつきません。指差している指が一致していないことも初めのうちは見られます。「(イチ)，(ニ)，(サンシ)…。」とうまく呼応していないこともあるのですが，やはり部分的には安定した対応が見られます。

　ものを数え上げて数え終わったときがその数の大きさになるという「基数性の原理」，いくつかあるものを数えたときにどこから数えても同じになるという「順序無関連の原理」も，早くから獲得されています。また，数は色や形に関係なく，数そのもの自体の性質と切り離して，なんでも数えることができる，いろいろなものを数えることができるという，「抽象性の原理」を子どもたちの数唱に見出しました。

の数と次があることから，どの数にも次があるという数学的帰納法を使うことができるのです。

　でも，ほかの半数の子どもは「数にはおわりがある。」と言います。そこで理由を聞いてみると「数を数えていくと夜までなる。」「数はいっぱいあるから数えらんない。」などと現実的な制約を挙げます。しかし，この理由もやはり，数がどんどん続いていくという数の性質を理解していることがわかります。

　「千，万，億，京。もうないよ，だって。お父さんにね，数おわるのかなと思って聞いてみたら，もうないよだって。」そこで「京で終わりだと思う？」と聞いてみると「おわんない。」と答えました。おとなが面倒になってこのくらい教えておけばいいだろうと思っていても，子どもはきちんと数の性質を見抜いているのです。

　子どもはまだたくさん数えられないときに，すでに数の無限についての鋭い洞察をもっていると考えられます。

遊びの中の数の力

　5～6歳になるとお友だちとの遊びも盛んになってきます。子ども同士で遊んでいるときのもめごとも次第に自分たちで解決できるような力もついてきます。こんなときに数の能力はどのように使われるのでしょうか。

　あるとき，幼稚園の年長児が遊んでいる時に，いざこざが起きました。数人の男の子がもめています。おかたづけの時間になったのですが，「あっちいけよ」などとおさまりません。「どうしたの？」

と先生が近寄ってきて，話を聞くとけんちゃんは「たっくんといっくんとカブトムシごっこをやってたら，よっちゃんがじゃまをするんだ。」，よっちゃんは「いっしょにいれてっていってもいれてくれないんだ。」と先生にうったえます。先生が「カブトムシごっこは3人でやるのと4人でやるのはどっちが楽しいの？」と聞くと，けんちゃんたちは「4人」，「4人だけど…。」と答えました。先生は，「今日はもうおかたづけの時間だから明日の朝，カブトムシごっこを4人でやろうか？」と提案しました。けんちゃんたちは少し，不満は残るようでしたが，「うん。じゃ，かたづけよう。」とかたづけを手伝い始めました。

このように5歳児くらいになると「人数」を使って自分たちの関係を調整することができるようになります。「だれだれちゃん」と名前で考えている間は，それまでの遊びの流れの中でのそれぞれの相手への思いを整理できないでいたのですが，人数として，客体化して冷静に仲間のことを調整できる場面が時々見られるようになります。

毎月のお誕生会でそれぞれ役割を決める場面でも，司会の係り3人，プレゼントをあげる係り5人，などなど役割を決める場面で，人気の係りがあれば，みんながなりたくて混乱します。そこで先生が，「今5月だね。あと卒園までに何回，おたんじょうかいがあるかかぞえてみようか。6月，7月，…。10回もあるね。だから，そのうちみんな司会の係りができるよ。」と話すと，スムーズに係りが決まっていきます。回数を数えることによって今後の計画の中で自分の行動をコントロールできるようになります。

数を数えることには子どもたちにとってこんな使いかたができる

ようになるのです。

　おかしをお友だちやきょうだいとおなじ数だけ分けるなどといったことも実は算数・数学の理解につながる大切なあそびなのです。日ごろの遊びの中でも，数の登場する場面に気をつけてみていたいと思います。算数・数学能力が発達する場面は問題集などを与えたときだけではありません。数を遊びの中で使いながら，数の力に気づいていくことが重要です。

数を使う遊び

　じゃんけんをしながら勝った回数を競う遊びがあります。2回勝つのは，ニンジン，3回はサンマ，と2人でじゃんけんをして自分で勝った回数を数えて，10回なら，どちらかが10回勝つまで勝負が続きます。これはじゃんけんをする，という作業とそれと同時に勝った回数を反対の手の指で数えるということを行います。簡単なようで2つのことを同時に行うのは難しいことです。

　また，右手と左手の指を2人で出し合って，はじめ1ずつ手で示し，変わりばんこに相手の左右どちらかの手にタッチして，タッチされたら，相手のタッチした指の数と自分のタッチされた指の数の合計を自分の指で示すという遊びもあります。片手の指が5になったらその手は「あがり」となります。そうやって両手が先にあがった人が勝ちになります。

　これは足し算と5を単位とする繰り上がり，つまり5進法での繰り上がりのある計算が必要になります。

　これらの遊びは自然に足し算や繰り上がりの練習になっている遊

手遊び

びです。友だちとじゃんけん遊びをしながら，いつのまにか算数の練習をしている面白い遊びです。

計算の能力と記憶

　計算をするときなど，考えるときに使っているのはどこでしょうか。頭の中で7＋8などと思い浮かべますが，その時に使ってる機能を作業記憶と呼びます。作業記憶は一時的に情報を保持する場所であるとされます。知識のようにずっと長い期間，保持される長期記憶とは異なる働きをし，一時的な記憶であることから短期記憶とも呼ばれます。

　暗算をするときなどには，たくさんのことは一時に記憶できません。おとなでは7±2の項目が一時に保持できる量であるとされ

ています。この作業記憶は一時的に情報を蓄える場所であるのみならず、計算など思考の操作を行う場所であるとされています。作業記憶の保持できる量は2歳くらいで2項目であり、次第に増加すると考えられています。複雑なことが考えられるようになるのはこの作業記憶の保持量の増加に支えられていると考えられています。

たくさんの桁数の複雑な計算は、暗算ではなかなかできません。そんなときには紙に書き出します。この紙に書かれた計算は「外部記憶」とも呼ばれます。私たちは外部記憶をじょうずに使うことでさまざまな場面で複雑な思考が可能になります。

子どもたちも足し算・引き算の繰り上がり、繰り下がりもノートの上に書きながら行います。繰り上がるときに繰り上がった数を書く場所を決めておくことも、計算間違いを起こさない工夫です。

先ほどの子どもたちは、じゃんけん遊びで、勝った数をじゃんけんの手と反対の手の指を折って数えましたが、このときの指も外部記憶です。このような外部のメモリーをじょうずに使いながら作業記憶で計算をする、このことが遊びの中で行われているのです。

算数能力の発達とコミュニケーション

数を数えたり、計算ができるようになったり、子どもたちはさまざまな能力を獲得していきます。しかし、数の性質の理解は徐々に発達していく能力です。5～6歳の子どもたちには、「数は、足したり、引いたりしない限り変化しない」ということがあやふやであるようにみえます。数個の同色のおはじきからなる2色のおはじきの列を示して、2色のおはじきが対応しているところを示します。

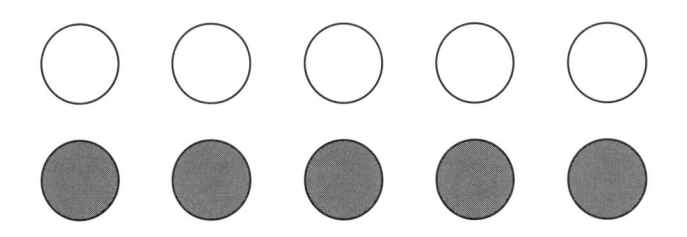

図2　保存課題

「どっちがたくさんあるかしら」と聞くと，子どもは「おんなじ」と答えます。その後，どちらかの列を縮めたり伸ばしたりして再度，「どっちがたくさんあるかしら」と聞くと今度はどちらかの列が多いと答えることがあるのです。「こっちのほうが長いから」とか，「こっちはぎゅうぎゅうに込んでるから」などと理由を言います。「足したり，引いたりしてないからおんなじだよ」と数の増減の「操作」について正しく言及できるようになるのは6歳以降だと考えられています。この実験はピアジェの保存課題と呼ばれています（ピアジェほか，1962）。

　また，高さの違うコップの水量については7〜8歳，粘土の塊のような量に関するものは8〜9歳以降にならないと増減を決定する操作に基づいて判断することが難しいのです。

　この保存の実験は数量の理解の発達で重要な，発達の段階を分けるものとして考えられています。ピアジェは数えることができても数の大切な性格を理解していないなら，それは数の能力としてはあやふやなものだと考えたのです。

　ところが，この実験を行うのが誰であるのかによって子どもたちの反応が異なることが知られています。

知らないおとなの人がおもむろに「どっちが多いですか？」と聞くと正解にはいたらなくても，お母さんがこの課題を同じ子どもに聞くときちんと「おんなじだよ。足したり，引いたりしていないでしょ。」などと答えられるのです。お母さんでなくても子どもになじみのキャラクターやくまのぬいぐるみが聞くときちんと正解にいたります。

　お母さんとの間では，数がおんなじということはどんなことかをきちんと知っているので，正解を答えることができるのですが，初対面のおとなであればその人との間では数というものがどんなものであるか合意が形成できていないかのように振舞うのです。

　あるいは，この保存課題などを行うおとなは子どもの能力を研究しようと実験を試みているのですが，子どもはこの場面で子どものほうからも実験しているとみることができます。こんなふうに答えたら，おとなはなんて答えるのだろう…とおとなの反応を見ているようにみえます。お母さんやよく知った人であれば，子どもたちには何と答えてほしいかはわかっているので，その信頼のもとに子どもたちは正しい答えを言えるのでしょう。

　数や量といった人間関係と関係のないものであるから，機械的に覚えるというのではなくて，子どもたちは人との関係の中で数や量の性質を学習していくのです。のびのびと自分の考えを言える環境の中で子どもの数能力は足元を固めていくと考えることができます。

　数やことばなど認知能力の発達は，そこだけが他の能力と切り離されて発達するのではありません。親など教育にあたる人との暖かい関係があってはじめて，伸びやかな認知発達が起きることが知られています（藤永ほか，1997）。

コラム3
ピアジェの発達段階

　子どもの認知の発達段階を明らかにしたピアジェは，子どもはシェーマ（図式）によって外界をとらえていると考えました。

　第1段階は，前数概念の段階です。数えるものの間に一対一対応をつけることができずに，すぐ「たくさん」と言ってしまう段階です。

　第2段階は，直感的，前操作的段階です。数という性質で数えることができるようになるのですが，列が長いとか，列が込んでいるといった，気づきやすい特性に左右されて数の正しい判断ができない段階です。

　第3段階では，目につきやすい属性に左右されずに数に対する判断ができる段階です。この段階はさらに2つの段階に分かれ，具体的操作によって数概念が定義される段階と形式的な操作に基づく段階です。具体的操作期では数の保存課題が可能になり，足したり，引いたりするという具体的操作で数が変化することが理解されます。形式的操作期ではif-thenの思考で抽象的な思考ができるようになります。代数を使用して考えることができるのもこの段階であると考えられます。

　日本の算数・数学の区分は小学校・中学校の区分に対応していますが，代数を中学から導入するのはこの形式的操作期に対応しているとみることができます。

2章　小学校の算数へ…学校算数への導入

　算数・数学能力は赤ちゃんの時代から発揮され，幼児期には計算能力などが発達していくことがわかってきました。幼児期までの能力をどのように学校の算数に結びつけていけばよいのでしょうか。
　日常の中で子どもは算数の能力を発揮することができるのですが，系統立てて算数を学習するにはやはり，おとなの助けが必要です。子どもがどのように算数を理解していくのか，そしておとなはどのように援助すればよいのかを考えてみましょう。

数えることから計算へ

　数えることが楽しくなると何でも数えたくなります。さらに問題を作って遊ぶこともできるようになります。
　「このバス，なん人のってるのかな？」などといろいろな場面で数えようとします。数えることを使ってレストランでも「こっちのテーブルにはいすが4つ，こっちのテーブルが6つ，あわせていくつでしょう。」などと自分で問題をつくって自分で数えて「10こです。」などと遊びながら，算数の問題づくりに楽しくとりくむこともできるようになります。「紙に問題を書いて！」と計算問題を作って指をおって数えて計算したりもするようになります。このような遊びの中から徐々に学校の算数に移行できるよう手助けしたいものです。

しかし，文章題への移行はしばしば簡単ではありません（栗山，1995；岡本，1995）。「3にんにみかんを2つずつあげるためにはみかんはあわせていくつあるでしょう。」という問題に対して3＋2＝5というように答えてしまうなど掛け算の問題と足し算の問題の区別がなかなかつかない場合もあります。九九は習っていても文章の問題では「あわせると」ということばですぐに足し算にしてしまうということもあります。文章題は書いてあるとおりにすればわかるはず…とおとなは考えますが，日本語の文章で書かれていることを計算の式にすることは簡単ではありません。

計算のひとつのトレーニングとして計算問題を数字で書かずにすべて文字で書く方法があります。日本の学校ではあまり行われないのですが，いろいろな国の教科書などにあります。

ごとにぶんのいちたすにとよんぶんのさんはいくつでしょう。

このように数字で表記されていない問題を計算するのは簡単なことではありません。子どもは数字を読むのにも慣れない間は時間がかかります。私たちは数字を見ればごく当たり前にその意味する数が読めます。このようなところも実は繰り返し行っているから気づかないのですが，頭の中では数字をそのまま処理するのではなく数字の音に変換したり，九九の音を思い出したり，数のイメージを絵としてもっていたりしているのではないかと考えられます。そんな頭の中での計算のプロセスがスムーズに行えるようになるには繰り返しのトレーニングなどが必要になります。

さらに「3にんのひとにみかんを2つずつあげるためには」という文章が数のどのような状況をさしているのか，たとえばお皿の上

にみかんが2つずつある絵を書くなどしてそこで表されていることがイメージとして把握できるようにする必要があります。

おとなが当たり前にできることでも子どもにはひとつずつ乗り越えなければならないことがたくさんあります。

九九を覚える

感覚的に聞いたこと見たことをそのまま覚える能力は幼児期に高いと考えられています。トランプゲームの神経衰弱を子どもとすると子どもの記憶力に驚きます。それは直感像といわれる感覚的な記憶力によって行われています。見たこと，聞いたことをそのまま映像的にあるいは音声的に暗記をする能力が高い時期に，基本的な九九を暗記することは子どもの能力を発揮するのに適していると考えられます。

九九の暗記はどの子どもにとっても大変です。そこで，最近IT産業での振興がめざましいインドでは二桁の九九を暗記させることが日本でも話題になっています。二桁の九九だけでなく，インドでは分数の九九も小学校に入るとすぐに学習させます（図3）。

九九を覚えるときには九九の表を張ったりします。このとき，手書きでの表もよいのですが，桁がきれいにそろっている見やすい表を使うことも大事です。きれいに書かれた数字で視覚的にも覚えやすいものを使うと，見たものをそのまま留める能力の高い5～7歳くらいの子どもたちの能力をうまく使って記憶することができると考えられます。

MULTIPLICATION TABLES		
¼ Times	½ Times	¾ Times
1 × ¼ = ¼	1 × ½ = ½	1 × ¾ = ¾
2 × ¼ = ½	2 × ½ = 1	2 × ¾ = 1½
3 × ¼ = ¾	3 × ½ = 1½	3 × ¾ = 2¼
4 × ¼ = 1	4 × ½ = 2	4 × ¾ = 3
5 × ¼ = 1¼	5 × ½ = 2½	5 × ¾ = 3¾
6 × ¼ = 1½	6 × ½ = 3	6 × ¾ = 4½
7 × ¼ = 1¾	7 × ½ = 3½	7 × ¾ = 5¼
8 × ¼ = 2	8 × ½ = 4	8 × ¾ = 6
9 × ¼ = 2¼	9 × ½ = 4½	9 × ¾ = 6¾
10 × ¼ = 2½	10 × ½ = 5	10 × ¾ = 7½
11 × ¼ = 2¾	11 × ½ = 5½	11 × ¾ = 8¼
12 × ¼ = 3	12 × ½ = 6	12 × ¾ = 9
13 × ¼ = 3¼	13 × ½ = 6½	13 × ¾ = 9¾
14 × ¼ = 3½	14 × ½ = 7	14 × ¾ = 10½
15 × ¼ = 3¾	15 × ½ = 7½	15 × ¾ = 11¼
16 × ¼ = 4	16 × ½ = 8	16 × ¾ = 12
17 × ¼ = 4¼	17 × ½ = 8½	17 × ¾ = 12¾
18 × ¼ = 4½	18 × ½ = 9	18 × ¾ = 13½
19 × ¼ = 4¾	19 × ½ = 9½	19 × ¾ = 14¼
20 × ¼ = 5	20 × ½ = 10	20 × ¾ = 15

図3　インドの分数の九九

九九の法則を発見する

　九九を暗記することはなかなか大変な作業です。2の段を覚えるには，ニ，シ，ロッ，パノジュウというように2ずつとびとびに数えることが練習されていると容易です。3の段を覚えるには3ずつとぶ数え方などを練習するでしょう。丸暗記といっても，法則を見出して覚えるよう練習します。九九を暗記することは暗記した結果，計算が速くなるという効果がもちろんあるのですが，それと同時に九九を覚えるまでのプロセスも大事です。数列の法則性を見出して速く計算していく過程が含まれているのです。4ずつ足していく，などなど自分で数列の法則性を計算していきます。そのときには，記憶の能力も必要です。一桁の九九でも，唱えることにより，九九の並び方の法則性に気づいていきます。同じことを繰り返して，暗記する作業は意味のないものに見えがちです。暗記して意識せずに思い出せるようにしていく作業の中には法則を見つけ出す作業も含まれているのです。7の段を唱えるとき，わからなくなると7ずつ足していっているかどうか確かめながら唱えます。無意味に見える暗記でも何とか意味を見出してその作業を獲得していくことは意義のあることです。

　記憶は感覚記憶，作業記憶，長期記憶に分類されます。今，聞いたこと，見たことを感覚的に記憶する感覚記憶の段階，一時的に情報を貯蔵して繰り返すことなどによって維持し，計算などを行う作業記憶の段階，情報がデータとして図書館のように貯蔵される長期記憶の段階というプロセスが仮定されています。暗算をするときに

は作業記憶と呼ばれる部分を使うことになります。つまり，一時的に記憶をすることと計算をすることは同じ作業記憶で行われると考えられています。

　たとえば，7の段で7×6がすぐにはわからない場合，7×5＝35を記憶にとどめておいてそこに7を足して7×5＋7＝42と計算します。いくつもの情報を記憶にとどめてさらに計算を行うということが行われます。

　この作業記憶は2歳で2項目の処理が可能で，おとなでは7±2の項目が処理可能になるといわれています。意識を集中して計算を行うことはこの能力を使うことになります。暗記というと無意味でやっかいで，ただただ我慢のように思われますが，大切な能力の発達に役立つ作業に基づいています。

　インドの分数の九九も覚えることより，子どもたちがその法則性を発見することに大きな意義があると考えられます。

3章　誤答から学ぶ…問題解決のプロセス

計算間違い…問題解決のプロセスの情報源

　計算間違いはどうして起こるのでしょうか？　計算間違いはちょっとした勘違いやうっかりしたときに起きるもののように考えられますが，実は理由がある間違いが多いことが知られています（Brown & Burton, 1978）。

　たとえば，

$$\begin{array}{r} 25 \\ -17 \\ \hline 12 \end{array}$$

このような誤りがあります。このとき1の位では$7-5=2$，10の位では$2-1=1$と引く数，引かれる数に関わらず，大きい数から小さい数を引くということが見られます。また，

$$\begin{array}{r} 25 \\ -17 \\ \hline 10 \end{array}$$

というように上から引けないと0にするという間違いもあります。

　「言い間違い」などはでたらめに起こるのではなくて，無意識の過程が関係していると初めに考えたのはフロイトでした。それ以後，心理学では人の行動は外から観察できるものだけではなくて，内部で起こる情報処理のプロセスが重要であると考えられるようになりました。計算をする，文章題を解くなど認知的な問題解決の場

では　さっそく　れんしゅう　です。

①もんだいをといて、こたえを出しましょう。

②こたえが出たら、

じぶんのこたえといっしょのすうじをクリックします。

→　こたえあわせ　のページが出てくるよ！

【れんしゅうもんだい】

　　807
　－598　　　　をといてみましょう

【こたえ】「これだ！」とおもうすうじをクリックしましょう！

(1)	219	(2)	309	(3)	209	(4)	319
(5)	1405	(6)	391	(7)	211	(8)	119

図４　（パソコン学習）繰り下がりのある引き算の誤答の指導―バグの除去
　　　（糸井尚子　ひきざん E-Learning（イー・ラーニング）http://psycho.u-gakugei.
　　　ac.jp/teacher/itoi2005.files/frame.htm）

(1) <u>219</u>

おしい！　ちょっとだけ　こたえがちがったみたいです

> 十の位のくりさがり　をわすれてるよ

ひきざんのとき方を
　　　ていねいにかくにんしていきましょう！

【けいさんの　ほうほう】
①　一の位で　7－8　は、ひけないので 　　十の位から　1　かります
②　十の位が　0　なので　0－1　はできません
③　百の位から　1　かります 　　すると百の位は　8－1　になります
④　百の位からかりた　1　は 　　　十の位に　9　のこして 　　　　一の位に　1　かしてあげましょう

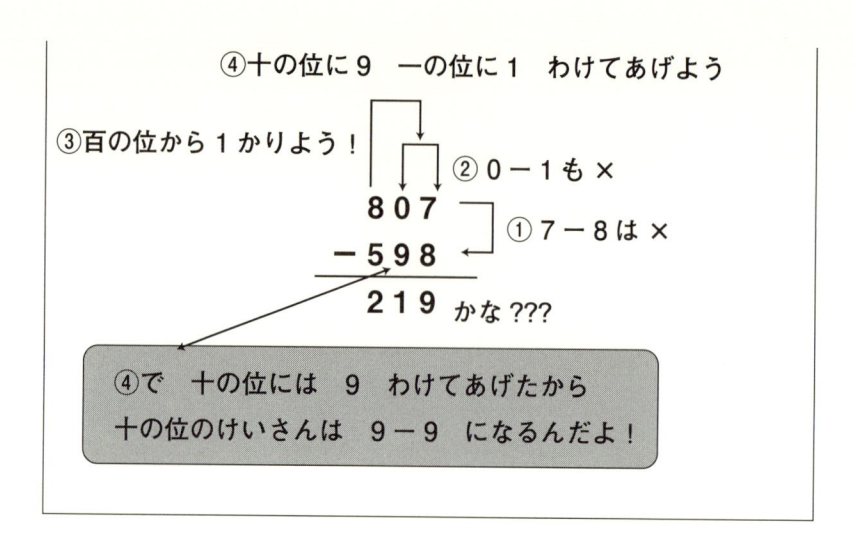

```
         ④十の位に9　一の位に1　わけてあげよう
③百の位から1かりよう！
                  ②0－1も×
         8 0 7
       －5 9 8    ①7－8は×
       ───────
         2 1 9  かな???
```

> ④で　十の位には　9　わけてあげたから
> 十の位のけいさんは　9－9　になるんだよ！

面でも，無意識に生じているプロセスがあると考えられています。前の章で述べたような，文章題を考えるプロセス，九九を暗記するときに生じていることなども頭の中で生じていることです。これらの無意識のプロセスはしばしば意識的に知ろうとすることが難しいのですが，計算などの誤答はその内的なプロセスについて教えてくれる貴重な情報源なのです。

　ここで例に挙げたような繰り下がりになると厄介な手続きを身に付けなくてはなりません。そのためさまざまな誤答が生まれてきます。繰り下がりを忘れるなどの誤りは，「うっかりしていないでがんばりなさい！」といういわゆる精神論で気合を入れてもなかなか子どもには修正できません。

　繰り下がりに限らず計算の誤答はたまたま起きるのではなくてそれを引き起こす原因があるのだと考えられます。つまり，頭の中に計算のプログラミングがあってそのプログラムに誤りを発生させる

バグ（虫），つまりプログラムミスがあると考えられています。

そのプログラムを修正しない限り同じような誤答が繰り返されると考えられるのです。実際に繰り下がりの引き算できちんと誤りの原因を突き止めて修正しないと，その子どもは何年間も同じような問題で同じ誤答を繰り返すことは教室でよく見られることです。

バグは複合する

さらに問題を複雑にするのは，これらの計算間違いのバグは複合的に現れることが多いことです。

発電所など大きなシステムは何かミスがあっても何重にも安全が保たれるような設計がなされています。フェール・セーフといわれるシステムです。なにかエラーが起きてもそれを予測した対応が取れるように設計されています。また，エラーがたまに起こっても大きな事故には結びつかないように設計されています。1万分の1の確率でそれぞれのエラーが独立に起きると仮定すると，2つのエラーが重複するのは $(1/10000)^2$ で，1億分の1の確率になります。ところがエラーは独立に生じるとは限らず，しばしば連鎖しやすく，ひとつのエラーが起こる状況では別のエラーも起こって大きな事故が起きてしまいます。

子どもの，たとえば繰り下がりの誤答でも，やはり，バグは複合します。もとの数から引く数を引くときに，上から引けないときには0にするバグをもっている子どもは，もとの数と引く数がどちらかに関わらず大きな数から小さな数を引いてしまうバグをもっている可能性が高いのです。これは，位取りが理解されていない，繰り

下がりがわからないという大きな理解の問題を抱えているためにわからない場面で間に合わせのいろいろなバグを使ってしまうことによります。このことが子どもの誤答を理解することを難しくするのです。

おとなは子どもの誤答の原因を突き止めることができるか

　では，おとなは子どもの誤りの原因を突き止めることができるのでしょうか。もし，子どもの誤りの原因を突き止めることができれば，子どもになぜ間違えたかを説明することができます。また，次にはどうすれば間違えないで計算できるかを教えてあげることができます。

　この子どもの誤りの原因を考えることは，子どもにとっても教えるおとなにとってもとても大事なことです。

　誤りの原因がわかれば子どもをむやみにしかったりしなくてすみますし，子どももしかられていやな気持ちにならずにすみます。そして次にはどうすればいいのか具体的に教えてもらうことができればこの次の問題に積極的に取り組むことができます。ただ，間違えたら怒られて，過度に緊張しながら次の問題に取り組んでも，どうすれば間違えないですむのか具体的にわかっていなければ意味がありません。

　子どもの繰り下がりのある引き算の計算間違いを大学生に予測させたところ，実際に子どもが起こす誤答の多くを予測できることがわかりました（大久保・糸井，2000）。おとなは子どもの計算間違いの原因を推測する能力があるのです。このおとなの能力をじょうずに

使って子どもたちの指導に生かすことが大切です。

　おとなの推測は必ずしも当たっていないかもしれません。しかし，おとなが子どもを理解しようとする試みが重要なのです。子どもの誤りを理解しようとすることは課題の分析でもあります。課題にどのような手続きが含まれているのか，おとなは簡単に計算できるので意識せずに行っていることも多いですが，子どもの誤りから，どのような手続きが必要で，そのどこに子どもが問題を抱えているのかを理解することができます。また，子どもがどんな知識をもっているのかも誤答の分析からわかります。一人ひとりの子どもの一問に対する作業を分析していくことによって子どもの現在をとらえることができると考えられるのです。

計算や数式の意味を学習する　1倍ってなに？…かけ算の意味

　整数の掛け算の例でこんな間違いがあります。
　　　　96 × 1 = 541
とかかれると，おやおや，でたらめを書いて…と思ってしまいます。
　　　　96 × 2 = 192　　96 × 5 = 480
というときには間違えないのに一体何をしているのかしらと不思議になります。かけるということは倍数を意味していて，1をかけるということが1倍を意味しているということが思い浮かばない場合があることがわかります。その子どもにとっては
　　　　96 × 1 = 96
では，何も計算していなくて，掛け算のはずなのに…どこかで九九を使わなくてはと，

96×6＝54

として，どうしていいかわからない「1」を最後につけ加えると96×1＝541という不思議な計算になるわけです。

こんなときには，「まじめにやりなさい」「もう一度，気をつけてやりなさい。」とつき返しても子どもの混乱は解消しないでしょう。正しい計算方法と意味をきちんと伝えることが重要です。さまざまな計算をしているうちに，もう一度，掛け算の意味をつかむことに立ち戻る必要が出てくるときがあります。

「りんご1個が96円です。りんご1個買ったときいくらいるでしょう。」という問題であれば答えられるかもしれません。この文章題が同じ96×1＝96という計算の式になることがすぐには思い浮かばないのです。こんなときには文章題に変えた例も話しながら進めるとよいでしょう。

この例は，計算をするということは計算の意味と切り離すことができないということを示しているようにみえます。計算の手続きだけを学習させるのでなく，いつもその意味に立ち返りながら計算の練習を進めていくことが重要です。

プラスとマイナス

自然数の引き算の練習問題が続いた後に足し算が混じっていても，引き算をし続ける場合があります。足し算より，引き算が難しいのに，わざわざ引き算をしなくてもいいのにとおとなは考えます。注意が足りないとか，やる気がなくて適当にやっているから…と思いがちですが，注意のリソースという側面から考えれば，教え

るときにいらいらしないですみます。足し算・引き算はおとなにとっては簡単なことで，慣れてくればあまり注意を向けなくても自動的に答えを出せるようになります。しかし，引き算の手続きを学習したばかりの子どもにとっては非常に注意の持続を要する作業なのです。子どものもてる注意のリソースを精一杯使っていると推測されます。そのため，ついつい引き算の一つひとつの手続きに集中してプラスの記号とマイナスの記号にそれほど注意を分配できないことがあります。

「しっかりしなさい。」とか，「こんなつまらない間違いをして…」とまなじりをあげて，注意するより，計算の前にまずプラス・マイナスの記号に注意してから計算を始めるように促すとよいでしょう。

引き算になれて，ひとつずつの手続きが自動化されてくると，じきに記号にも注意が向くようになります。

プラス・マイナスを間違えたから全部不正解！となるところですが，もし，プラス・マイナスを間違えたとして，その後の計算はどうだったかをみてあげられるとよいでしょう。「足し算，引き算を間違えてなかったら，みんな正解だったから，惜しいね。今度は一問ずつ足し算か引き算か初めに確認してから計算しようね。」と声をかけてあげられれば，子どもも安心して次に取り組めます。

足し算と引き算を間違えてしまう場合，足し算と引き算の混ざった問題を解かせるのもひとつの方法ですが，引き算のみの練習問題にとどまって引き算の練習を徹底的にするのもひとつの方法です。そうすることによって引き算の手続きが自動的に行えるようになって注意がプラス・マイナスの記号に自然に分配できるようになるのを促すのです。

プラス・マイナスを間違えたから徹底的にプラス・マイナスのトレーニングをするより、回り道に見えても引き算を集中的に練習することによって、引き算に対して余裕をもって計算できるようにすることが早道かもしれません。

　足し算なのに引き算で解いてしまうときは、まだ引き算の練習が足りないよ、と子どもが自然に引き算の練習をしているとみることもできるでしょう。

　自然数の足し算・引き算を間違えることが少なくなっても、小数や分数の学習に入るとそのつど足し算と引き算を間違えることが見られます。

　おんなじ間違いをして…と、諭したいところですが、そのつど、小数・分数と計算がそれぞれ難しくなっているのです。分数の通分や真分数・仮分数・帯分数の間の変換など、あるいは小数のくらいどりなど注意を振り向けなければならないところに子どもは大忙しなのです。

　子どもの間違えたところを表面的にとらえずに、間違いの成り立ちを推測することで間違いを減らす方法を考えることが重要であると考えられます。

小数の計算間違い

　大きな数を表すのに0をたくさんつけることは小学校に入る前の子どもでも遊びの中で使います。お店屋さんごっこでお金を紙に書いて作るときに10円や100円などを書いたりしますが、「1万円」「8千万円」などと言いながら10000円のようにたくさん0をつけ

て大きな数を表そうとします。0の数は正確ではない場合も多いのですが0をたくさんつけると大きな数になることは小学校で位取りについて学習する以前に遊びの中でいつの間にか使えるようになります。

　一方，小さな数はどうでしょうか。小さく，小さくしていくことの理解は小学校入学以前の子どもたちにもあります。画用紙に線分を書いてその半分とさらにその半分を書いて，子どもにさらに半分を書いてもらい，さらに半分を書いてもらい…とすると子どもはどんどん半分の線を書きます。「そんなふうに半分，半分にしていくとどうなるかしら…。」と聞くと，「すごく小さくなるけど，まだある。小さいのがまだある。」などと分割がずっと続くことについての理解を示します。これは線分の無限分割といわれる問題で，やがて実数の概念の基礎へと導くものです。どんどん小さくしていってもさらに小さいものがあることに対する直観を小学校入学以前にもっているのです(糸井，1989)。

　しかし，小学校で小数を学習すると，しばしば
$$0.2 + 0.03 = 0.5$$
$$0.5 - 0.01 = 0.4$$
などとおかしな計算になってしまいます。

　1より小さい数の位取りの理解は簡単ではありません。1より大きい数では右にそろえて計算していたのに，小数では右にそろえて計算したのではおかしなことになってしまいます。小数点をそろえて計算するということを学習しなくてはなりません。小数の計算に慣れるまでは，また縦書きの計算に戻るなどして位取りの理解が必要になります。自然数での足し算・引き算は位取りが理解できてい

ても，小数ではまた，それまでの計算の知識から切り替えて位取りを新たに学習していくことになるのです。そのためには，小数点以下で10分の1，100分の1と意味している数の大きさが理解される必要があります。

$$\begin{array}{r} 0.5 \\ - 0.01 \\ \hline \end{array} \qquad \begin{array}{r} 0.50 \\ - 0.01 \\ \hline \end{array}$$

縦書きの式にするときに0.5と0.01を比較するために0.5は0.50のように書き換えて計算します。このときに計算を複雑にさせるのは0.5は0.1が5つということなのですが，そこから0.01を引くために0.01と同じスケールで考えると0.01が50あるということです。1つの数字を同時に0.1と0.01との2つのスケール上で考えなければならないために子どもにとっては計算に困難さが感じられるのです。

　小数でも数値表現と数の大きさの理解が重要になりますが，小数の計算の難しさは，このひとつの小数表現を計算の中では2つあるいはそれ以上の見方をしなくてはならないところにあります。小数の計算に習熟するまでにはひとつの数値を2つ以上のスケール上で考えることを学習していく必要があるのです。このように視点をずらして計算をしていくことは慣れるまでにやはり練習が必要になります。

分数

　分数は小学校算数で学習する領域でも，理解しにくい領域と考えられています。しかし，中学以降の数学のいろいろな領域で使われ

る，基本的な概念でもあります。単純な分数の計算において大学生でも間違いをしばしば起こすことから，学力の低下問題が議論されました（吉田，2003）。

　分数の理解はいつごろから始まるのでしょうか？　分数の理解はどうしてそんなに難しいのでしょうか？

　日本の小学校では現在4年生から分数の単元が始まります。何年生で分数を導入するかは国によってさまざまです。イギリスのナショナル・カリキュラムでは分数は小学2年生からスタートします。イギリスではおおよそ5歳で1年生に入学する制度になっているので，6歳で分数の学習が始まります。韓国では就学年齢は日本と同じですが，国定教科書に1年生で図形の等分割の図が導入されます。2年生で等分割の図形の組み合わせが取り上げられ，3年生で分数の計算が始まります。

　分数の理解は何歳くらいでどのようなことが可能になるのでしょうか。また，分数はなぜ難しいと思われているのでしょうか。

小さな子どもも分数を理解する

　図形の比率については幼児期において理解が可能であることを示す結果が得られています。3〜7歳児において，スポンジでできた円の4分割を使用して4分の1の円と2分の1の円を加えると4分の3の円になるといった演算が可能であることが示されました。この課題は，たとえば4分の1の円を先に浅い穴に入れ，見えなくしてから2分の1の円を加えて，結果を4つの選択肢つまり1/4，1/2，3/4の円の中から選ばせるという形で行われました。4歳児で

図5 スポンジの足し算・引き算

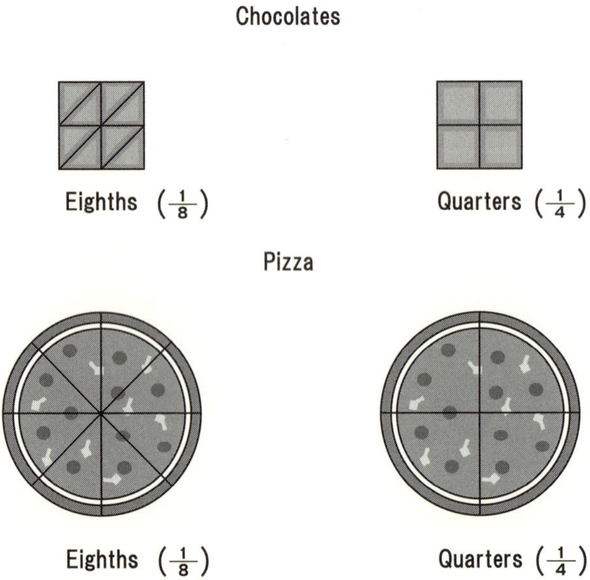

Chocolates

Eighths ($\frac{1}{8}$)   Quarters ($\frac{1}{4}$)

Pizza

Eighths ($\frac{1}{8}$)   Quarters ($\frac{1}{4}$)

図6 ピザ・チョコレートのアナロジー課題

ほぼ半数の正答ができることが示されました（Mix et al., 1999）（図5）。

さらに円形のピザと四角形のチョコレートという形の違うものの間でも4分の1や8分の2といった比率を同じだけとることを子どもに求めると，比率を同じにとることができることがわかりました（Singer-Freeman & Goswami, 2001）（図6）。

分数の計算というと，とても難しいものと思いがちですが，幼児でも図形の比率をもとに他の図形でも同じ比率を選ぶことができるのです。

分数を図で教える

図を使って説明をすることは，子どもに算数を教えるときによく使う方法です。ところが，おとなの側でこれはわかりやすい図だと思って親切に示しても子どもにはかえってわかりにくい場合もあります。

分数の大きさを教えるときにも図を使うことはよく行われる方法です。この図を理解する能力も発達する能力なのです。

等分割の図を描く能力は徐々に発達します。円形と四角形を等分割する能力の発達を調べた研究では，まず，円形と四角形の2分割と，4分割ができるようになり，それから四角形の8分割，そのあと，円形の8分割が続きます。このように偶数の分割ができるようになってから，3分割のような奇数の分割ができるようになります（Pothier & Sawada, 1983）。

等分割の図を書く

　円の8分割は四角形の8分割より難しいのはなぜでしょうか。実は円や四角の分割の図を書く能力もさまざまな発達に支えられているのです。

　子ども時代にひらがなを覚えるとき「あ」や「め」はとても難しかったのを覚えていませんか？「け」とか「た」などはそれほど難しくありません。斜めの線を含んでいる字は子どもには難しいのです。

　子どもの描画はなぐり書きから始まり，次に丸と直線が描けるようになります。垂直・水平線が書けるようになり，その後に次第に斜めの線が書けるようになります。これは手先が器用になるということではなくて，認知能力の問題であると考えられています（コックス，1999）。子どもにとっては四角い紙を斜めに置いて線を書かせると，輪郭に平行であるような斜線はむしろ書きやすいことが知られています。また，四角形に対角線を入れるときに四角形の頂点に丸印をつけると書きやすくなったりします。

　線が書けるようになるとどんな線でも書けるのではなくて，線相互の角度によって徐々に書けるものが広がっていきます。つまり，子どもは線が書ければすぐに，円や四角の中に分割線を入れて，いくらでも等分割ができるようにはならないのです。

　円形の4分割までは水平線と垂直線でかけますが，8分割からは斜線を含みます。四角形では8分割や16分割でも水平線と垂直線で書くことができます。長方形などの四角形を放射線状に8分割す

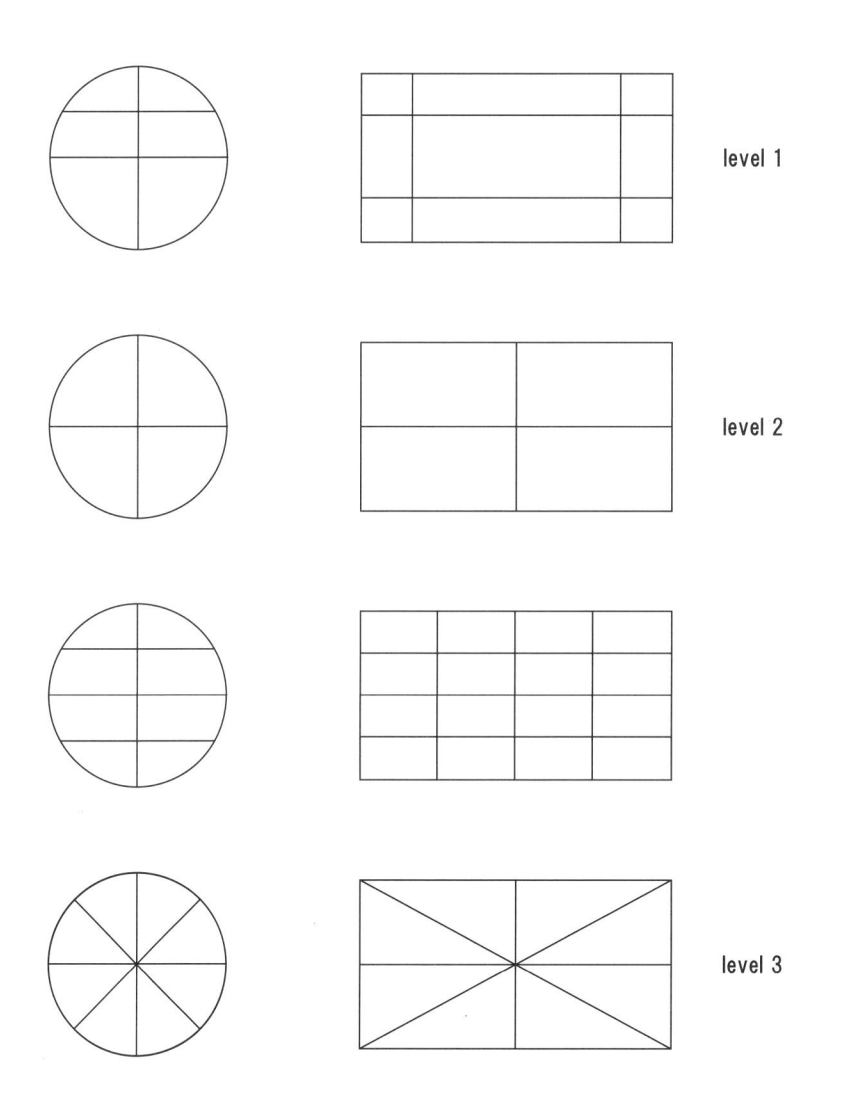

3章　誤答から学ぶ…問題解決のプロセス

図7　等分割の算出の発達
（吉田，2003，p.82 をもとに作成）

るときも頂点が対角線を引くときに使えます。円形を8分割するときには頂点のような目印もありません。

　半円をさらに4分割させようとすると，図8のように半円に水平・垂直線を書き入れることも珍しくありません (Lawton, 2005)。こんな状態で平気なのは，実は面積を見積もる能力も発達途上にあるからなのです。

　面積を見積もる力もゆっくりと発達していきます。いろいろな三角形などで，面積の大きさを比べるとき，底辺と高さの2次元に注目できるようになるまでに，途中の段階があるのです。始めは，どちらかの辺の長さなどひとつの次元だけで判断をしてしまうのです (Yuzawa et al., 2005)。

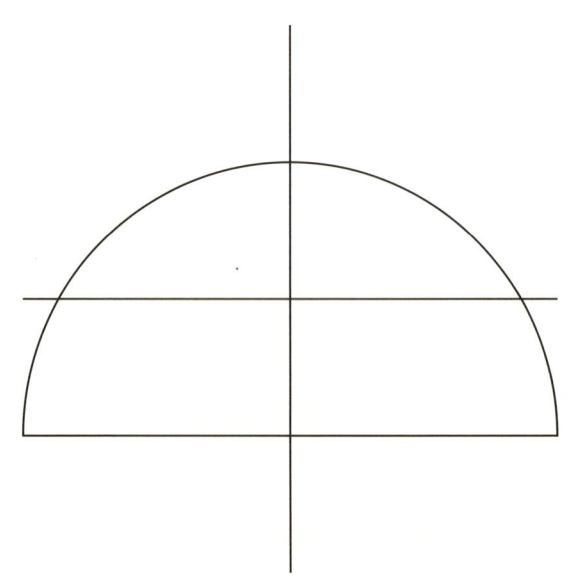

図8　半円の4分割についての子どもの誤り
(Lawton, 2005, p.38 をもとに作成)

半円の4分割が，等分割になっているかどうかは，半円が水平・垂直線で4分割されたときの4つの図形が同じ面積になっているかどうかの判断が必要なのですが，その判断が正確には行われないのです。高さの次元に限れば4つの部分の面積は同じであるかのようになっています。子どもがその高さの次元での等分割の目的で引かれたのが図の水平・垂直線になっているわけです。そのため，この不正確な等分割を行ってしまうのです。

等分割の図と分数

　したがって，円の8分割の図を使ってもすぐには8つの等分割であるかどうかの判断は難しい段階があると考えられます。四角形であっても3分割などは作図の発達としてより遅い段階と考えられています。そこで，四角形であっても分割数を適切に示さないと子どもの理解は難しいと考えられるのです。

　では，どんな等分割の図が子どもにわかりやすいのでしょうか。2分割と4分割であれば，円形でも四角形でも同様に幼児に等分割であることが理解されやすいと考えられます。円形の等分割図を使うことは四角形の等分割図より分数の指導に適している側面があります。

　四角形の等分割では日本の教科書でよく使われる，四角形のテープ図，液状図の等分割では「1」という単位量がどこまでなのかが図の延長上で恣意的に示されることになります。円は単位量「1」が1つの円としてより明確で，等分割は中心角の大きさにより明確に定義されます。

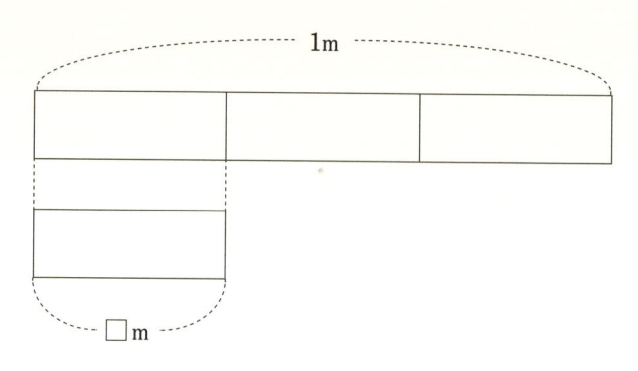

図9　日本の教科書での帯分数の説明のテープ図①
（東京書籍『新編　新しい算数4年上』p.79 より）

　そのため分数の指導には優れている側面があると考えられます。一方で，四角形の等分割図はめもりを入れると小数との対応が示しやすいという側面があります。
　円形や四角形の図形を子どもの発達に即して適切に用いて分数を指導することが望まれます。
　また，図形の分割数については2分割，4分割の理解が8分割に比べ先行します（糸井，印刷中），日本の教科書のように3分割を用いることで，小数では表しにくい数を分数が表せるという分数の特徴を強調した指導も行われています。
　分数を理解させるために図を用いることは非常に説得力のある指導となりますが，どのような図形を用いるのかを工夫することで子どもの理解を助けることが望まれます（図9～11）。
　等分割の図をじょうずに使えば，学校の授業で仮分数，帯分数といった概念も子どもたちが自分で導き出せることが実験により示されています。また，他国の教科書でもこの方法で仮分数，帯分数を導入している例がみられます（糸井ほか，2007）（図12）。

3章　誤答から学ぶ…問題解決のプロセス

正しいものはどれですか？

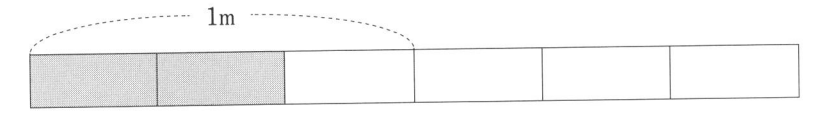

㋐　下の図の色をぬった部分の長さは $\frac{2}{6}$m です。

㋑　$\frac{6}{4}$m のリボンは，1m のリボンより短いです。

図10　日本の教科書での帯分数の説明のテープ図②
（東京書籍『新編　新しい算数4年上』p.90 の問4より2つの小問を抽出）

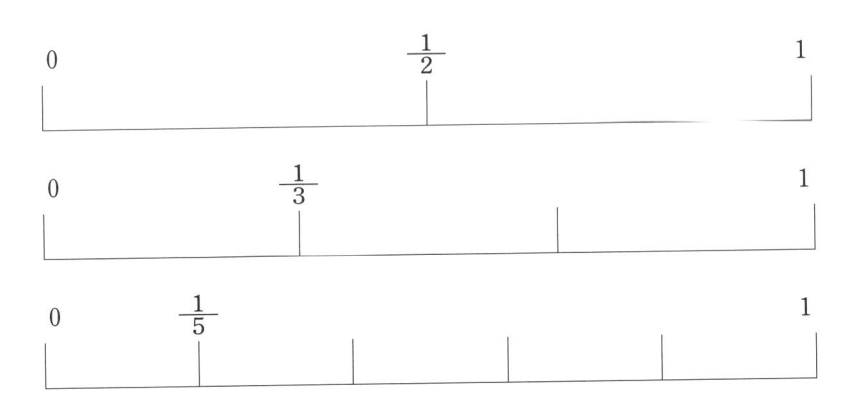

図11　日本の教科書での帯分数の説明のテープ図③
（東京書籍『新編　新しい算数4年上』p.86 より）

活動1　帯分数 $2\frac{1}{4}$ を仮分数であらわす方法をしらべなさい

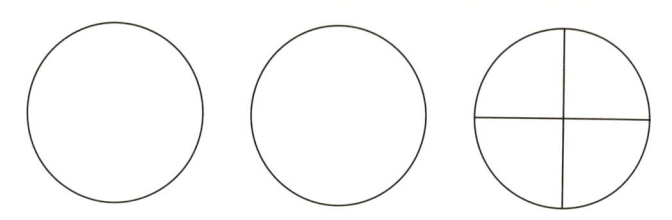

○帯分数 $2\frac{1}{4}$ まで色をぬりなさい

○円2こをそれぞれ $\frac{1}{4}$ ずつおなじに4つにわけなさい

○帯分数 $2\frac{1}{4}$ を仮分数であらわしなさい

○なぜそうしましたか

図12　帯分数を仮分数に，仮分数を帯分数になおしてみよう
（韓国の国定教科書『数学4年』p.94に基づいて作成）

分数の難しさ

　分数の理解は幼児期から発達する能力に支えられ，小学校の段階では分数のさまざまな概念を学習する準備が備わっていると考えられます。

　では，分数は子どもたちにとって簡単かというと決してそうではありません。まず，分数を難しくしているのは，分母と分子の数値を同時に考えることにあります。

　吉田・栗山 (1991) は分数の大きさがどのように理解されていくか小学3年生から5年生までの3年間について縦断的に研究を行いました (この研究が実施された時点では学習指導要領によって3年生から分数が指導されていました)。

$$\frac{3}{5}, \frac{1}{5}, \frac{4}{5} \quad （同分母・異分子）$$

$$\frac{3}{5}, \frac{3}{7}, \frac{3}{4} \quad （異分母・同分子）$$

$$\frac{6}{7}, \frac{2}{5}, \frac{3}{12} \quad （異分母・異分子）$$

　これらの3種のそれぞれで3つの分数の大小を聞いたところ，子どもたちは分子の大きさに関わらず分母が大きい分数を大きいと判断してしまうルールLや，分母の大きさに関わらず分子が小さいほど分数の大きさが大きいと判断してしまうルールSをもっている場合があることがわかりました。

$$\text{ルール L}$$
$$\frac{3}{4} < \frac{3}{5} < \frac{4}{7}$$

$$\text{ルール S}$$
$$\frac{4}{5} < \frac{3}{5} < \frac{1}{5}$$

　3年生の3週間の分数の授業のあとでさらにこれらの誤ったルールの使用頻度が上昇することが観察されました。また，学年が進んでもこのような誤りのルールをもったままの子どもが見られることもわかりました。分数でも数値表現と数の大きさの理解が重要になります。

　自然数では数が大きいほど大きいという当たり前のことが分数では分母においては逆になっています。2より3が大きいのは当然ですが，分母が2と3であれば $\frac{1}{3}$ は $\frac{1}{2}$ よりは大きくはないということの理解や，これらの分数を使った計算に慣れていくことは簡単ではないのです。$\frac{1}{2}$ と $\frac{1}{3}$ の足し算・引き算，そして仮分数・帯分数の計算と，計算の複雑さが増すたびにこの分数の数値表現と分数の大きさの関係が混乱します。そのつど分数の数値表現が表す数の大きさを確認しながら計算に習熟していくことが必要になります。計算間違いをしては分数の数値表現と分数の大きさの関係を学習しなおしていくことの繰り返しが分数学習であるとみることができるでしょう。

割合の理解

　割合の概念は算数のさまざまな領域で出てくる概念です。濃度，速度，密度，比例など，いろいろな形で算数の中に登場します。こ

3章　誤答から学ぶ…問題解決のプロセス

の濃度や速度など，割合の理解にも発達があります。いくつかの変数が対応して変化する時にその理解は倍数や比の理解となります。ジュースの濃度でどちらが濃いジュースかを問う課題などを使って，理解の発達が研究されてきました。たとえば，「コップ2杯のジュースとコップ3杯の水を混ぜてできたジュースと，コップ3杯のジュースとコップ3杯の水を混ぜてできたジュースとはどちらが濃いでしょうか，それとも同じ濃さでしょうか。」といった問題です。

小学校4年生から中学1年生までの間に以下のような段階があることが明らかにされています(藤村,1997)。

① 一方の量に着目して判断
② 一方の量が等しいときに他方の量に着目して判断
③ 2量がそれぞれ倍数関係にある場合に適切に判断
④ 単位量あたり計算などにより，適切に判断

たとえば，「わかくさ丸とあじさい丸はどちらが速いですか？」という問題で2隻の船の進んだ距離とかかった時間は以下のような場合に可能であるかどうかで段階が仮定されています。それぞれの問題の番号は，上の割合の発達段階に対応しています。

　　　わかくさ丸(距離-時間)　と　あじさい丸(距離-時間)
① わかくさ丸(54km-3時間)　　あじさい丸(42km-3時間)
② わかくさ丸(42km-3時間)　　あじさい丸(42km-2時間)
③ わかくさ丸(42km-2時間)　　あじさい丸(84km-4時間)
④ わかくさ丸(84km-4時間)　　あじさい丸(66km-3時間)

これらの問題が解けるようになるための，倍数関係の理解から単位あたりの理解へという発達段階が仮定され，小学校高学年でこの単位あたりの理解が成立すると考えられています。

　適切な発達段階を把握して問題の構成をみていくことが必要になります。

線形ミス・コンセプション

　このように比率の理解は徐々に獲得されることが明らかにされています。また，中学以降でも比の関係は理解が困難な場面があることが知られています。

　「線形ミス・コンセプション」と呼ばれる誤った概念をもちやすいことが知られています。面積や体積の文章題での算出において，1次線形の関係をどこにでも当てはめてしまう傾向が知られています (De Bock et al., 2003)。

> リリパット人の身長はガリバーの12分の1です。
>
> ガリバーの杖は96cmの高さです。リリパット人の相似の杖は何cmですか？
>
> ガリバーのベルトは108cmです。リリパット人の相似のベルトは何cmですか？
>
> ガリバーのハンカチの面積は1296 cm²です。リリパット人の相似のハンカチは何cm²ですか？
>
> ガリバーの靴底は288 cm²です。リリパット人の相似の靴底は何cm²ですか？

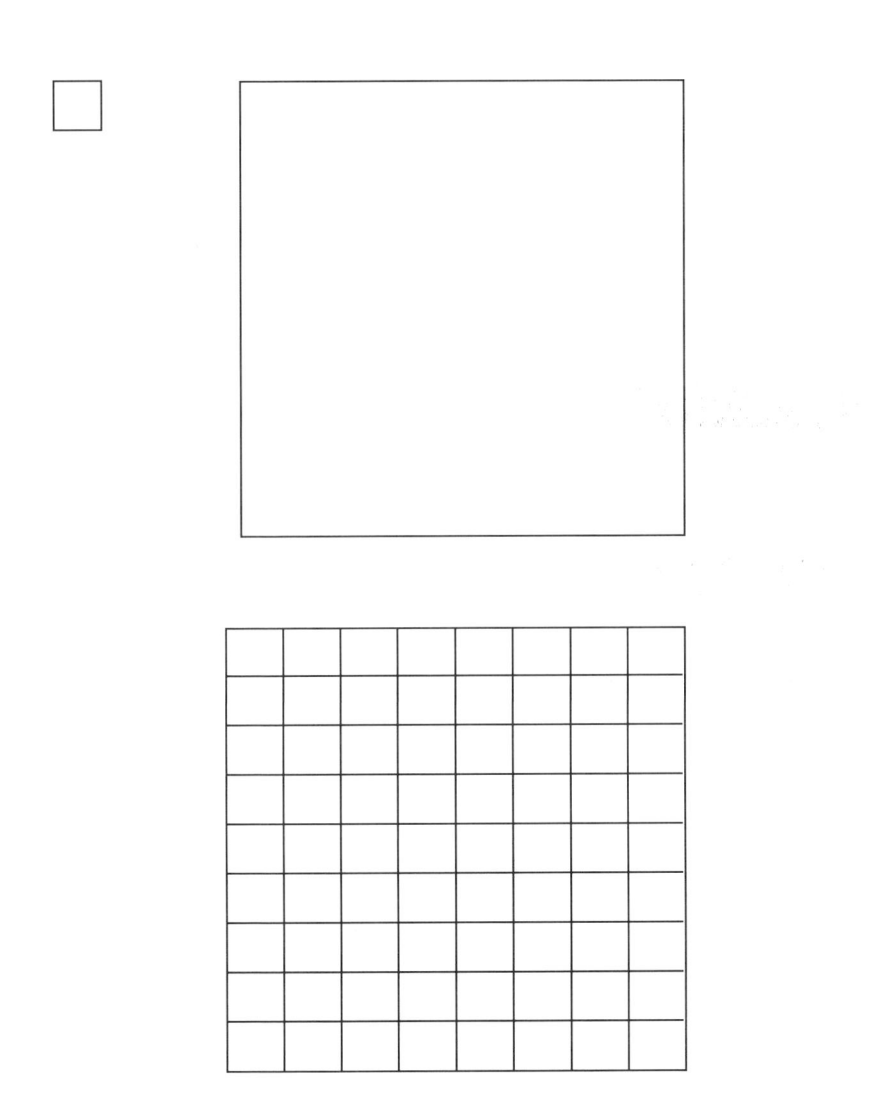

3章 誤答から学ぶ…問題解決のプロセス

図13 リリパット人のハンカチとガリバーのハンカチ

これらの問題で面積を求める場合は一次関数で解いてはいけないのですが，これらをすべて一次関数の比例問題として解いてしまうのです。

　そこで，あらかじめこの比例関係に気づくように作られたガリバーのビデオを見せる，また，自分でハンカチなどの図を描くよう教示するという条件で実験を行いました (De Bock et al., 2003)。しかし，13～16歳の子どもたちにとって，これらの実験条件は有効な効果をもたらさなかったばかりか，むしろネガティヴな結果をもたらしました。ガリバーのリリパット国訪問のビデオに直結した問題であっても，子どもたちはそれらを有効に使用することができませんでした。

　このミス・コンセプションを打ち破るのはなかなか簡単ではないことがわかりました。むしろ倍数関係が明白である事態であるから，ますますこの傾向が高まるのかもしれません。

　この場面ではガリバーとリリパット人の一次元的な比例関係は子どもによくわかっています。それが，二次元的になることが課題を難しくします。

　この場合，ガリバーとリリパット人の身長の比に対して，面積という二次元での比例関係を考えることが難しいのです。変化する次元の数を明確に意識していくことが課題での正答を導くと考えられます。

コミュニケーションの中から学ぶ

　ヴィゴツキーという心理学者は，子どもが自分ひとりでは到達で

きないレベルと，おとなの力を借りて到達できるレベルの2つを分けて考え，その2つのレベルのずれを発達の最近接領域と呼びました（ヴィゴツキー，1962）。親や教師に助けられて学習は進んでいくと考えられています。また，コミュニケーションによって獲得されたものが，次には自分の中でのコミュニケーションつまりは思考の道具になるとも考えています。

　授業の中で意見を交わすことも子どもの考えを深めるために重要です。意見を出しあうということは，自分がいつも正解を出せるというわけにはいきません。みんなの中で発言し，答えが違っているととても恥ずかしい気持ちになります。間違うかもしれないのに子どもに発言させるのはなぜでしょうか。子どもに恥ずかしい気持ちにさせないようにするには，先生が正しい方法を示して，子どもたちはそのやり方を学ぶというほうがよいと思われるかもしれません。ところが，この間違いを言うことこそ大切なのです。

　たとえば，あまりのある割り算の授業でのことです。23個の栗を5こずつで分けるという問題で，ある子どもが「23÷5＝4あまり3」と黒板に書いた後に，先生が他に書き方がありますか？と聞きました。手を上げて指名された子どもが「23÷5＝20あまり3」と書きました。

　これは教育実習生の授業でしたので，先生である実習生は「これはちょっと違うね。」と消してしまいました。しかし，この誤答は考える価値のある誤答でした。「4あまり3」という書き方は，ある意味では不自然なのです。割り算の答えとして4は「4人分」で5を単位としていて，あまりの3は1を単位としている不ぞろいな記載方法なのです。そのために「4人あまり3こ」という単位の記

入を必要としています。「20あまり3」は足すともとの数23にもどるので，ある種の論理性をもっているとみることもできます。

しかし，ここで問題となっている何人に分けられるかという問いからみると「4人」ということが必要になっているのです。そんなことに気づかせてくれる貴重な意見です。

間違いを言わせるのは，友だちが考えたことを取り上げて，より深い理解に導くための考える材料を提供しているのです。

私たちおとなが子どもの誤答から多くの情報を得るように，子どもたち自身にも考えるきっかけを与えてくれるものになるはずです。

授業で意見を言わせるのは，間違えて恥ずかしいという気持ちの罰を与え，間違えないように子どもにしっかりさせるということが目的ではありません。他の友だちが考えたことも述べあって，間違えなかった子どももより深い理解に導こうとしているのです。

コラム4
ヴィゴツキー：他者との対話によって思考が生まれる

　私たちが他の人とコミュニケーションするときに使う言語は外言と呼ばれます。これに対して，自分自身の中で自分との対話に使われる言語を内言と呼び，思考の道具であるとされます。ロシアの心理学者ヴィゴツキーは，子どもは最初からこの内言と外言とを区別して使用しないと考え，子どもが最初に用いるのは外言であるとしました。発達にしたがって外言と内言とに分化していき，その過渡期である幼児期に独り言が多く見られ，これを音声を伴う内言としての「自己中心語」であると考えました。この「自己中心語」の音声部分が消去するにつれ，内言として成立すると考えたのです。

　これに対してピアジェは，自己中心的な言語が次第に社会化されていく中で，他者への伝達を目的とした社会的言語が発達するとし，「自己中心的発話」から「社会的言語」へと進んでいくと考えました。ヴィゴツキーは，課題解決中に子どもの独り言が増加することに注目し，「自己中心的発話」もこの思考の道具としての内言であるとしました。

　つまり，ヴィゴツキーは他者との対話によって思考が生まれると考えたのです。

　発達の最近接領域の考えもこの対話による思考の誕生という考えと同じ基盤に基づいています。子どもが自分で解決できない問題でもおとなに導かれることにより解決ができるようになる領域があると考えたのです。

4章　小学校で学ぶ算数の各領域…算数の問題解決と認知能力

　小学校の算数には多くの領域があります。四則演算の学習はもちろん，小数・分数や比の問題，そして図形の問題，文章題など多くの単元について学習していきます。学習する内容によって，それぞれにどのような認知能力が関係しているのかを知ることによって，子どもの学習を手助けすることができるでしょうし，子どもと算数の勉強をすることが面白く感じられます。

　算数を学習するときにはどのような認知能力が使われるのでしょうか。知能テストで測定される能力には言語能力・記憶能力・記号処理能力・推理力・空間的処理能力・数的能力など多くの認知能力があります。算数の学力は知能を構成する認知能力で直接的に決まるわけではありません。さまざまな認知能力を使って個々の問題を解決していく学習の結果が学力であると考えられます。したがって，個々の問題解決にはさまざまな認知能力が複合的に関わっていると考えられるのです。

　また，さまざまな認知能力のバランスは1人ずつ違っています。ですから，算数の問題解決で人によってもそのバランスから多様な能力の組み合わせがありうると考えられます。したがって，不得意な能力があってもほかの能力でカバーしていくことも十分考えられます。最近，学校の中でも発達の個人差が注目されているのですが，この認知能力のバランスで偏りが大きい場合でも得意，不得意を考えながら指導することが望ましいと考えられています。

小学校の算数で取り上げられるさまざまな領域において，それぞれの問題はどのような能力が必要なのでしょうか。

立体の問題…空間的能力からの変換

　図形の問題は算数の中でも特徴的な分野です。そのため，図形が苦手だと算数・数学に向いていないと思ってしまうこともあるのではないでしょうか？　しかし，図形の問題が苦手だからといってすぐに「算数には向いてないのね。」とか「理系は無理ね。」などと決めつけることはよくないことです。

　図形の問題は空間的に考えることが必要です。この空間的能力もやはり発達する能力です。子どものときには空間的に考えることがなかなか大変でも徐々に複雑な空間の処理ができるようになると考えられます。

　また，さらに重要なことは図形の問題は実際にはいつまでも空間的に考えるのではなくて，いかに考えやすい問題に変換していくかが大切なのです。図形問題が苦手な人は立体の問題を見ると長々と立体のまま何とかしようと考えますが，図形問題が得意な人はさっさとより考えやすい2次元の問題へ変換して解いています。

　たとえば，立体の体積を求める方法について2種類の方法があります。立方体や凹凸（おうとつ）のある立体で体積を求める場合，縦・横・高さが単位となる1となる立方体がいくつあるかを数えさせる方法がひとつです。もうひとつは底面の形を色紙と考えて，その色紙が高さの分だけ重なっていると考えて求めさせる方法です。両方の方法で成績を比べてみると，色紙を重ねた形で考える方法のほう

4章 小学校で学ぶ算数の各領域…算数の問題解決と認知能力

資料　空間図形課題（小学生）　問題Ａ②

6年　　組　出席番号　　　　　　　　

1 cm³の立方体の積み木で，下のような形を作りました。
次の問題に答えましょう。

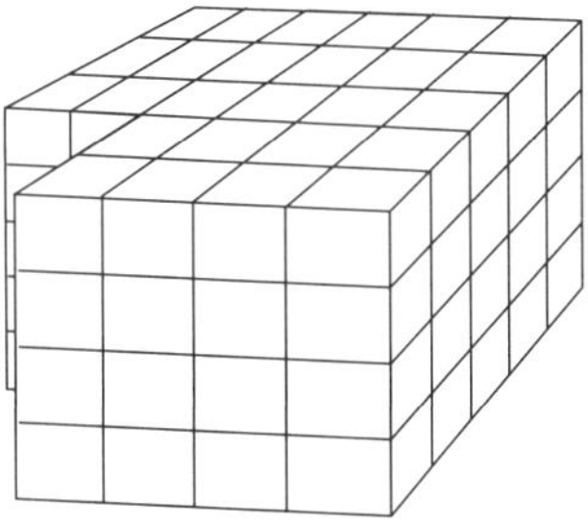

【問題】
① 全体と，ぬけている部分のたてと横には1 cm³の立方体が何個
　ならんでいるでしょうか。

　全体　　　　　　　　　　たて　　　　個　／　横　　　　個

　ぬけている部分　　　　　たて　　　　個　／　横　　　　個

② ぬけいている部分の体積は何cm³ですが。

　式

　　　　　　　　　　　　　　　　　　　　　　　　　　cm³

③ 1 cm³の立方体は全部で何だんありますか。

　　　　　　　　　　　　　　　　　　　　　　　　　　だん

④ この形の体積は，何cm³ですか。

　式

　　　　　　　　　　　　　　　　　　　　　　　　　　cm³

図14　立体の体積

が成績がよいことがわかりました（糸井ほか, 2007）。単位となる立方体で構成する方法は数え上げるときに間違いを起こしやすいのです。したがって、答えを出すだけなら、色紙を重ねる方法で2次元の底面積に高さをかける方法がわかりやすいのです。しかし、単位立方体を数え上げることも立体をイメージする上でよいトレーニングとなるでしょう。この場合も立体を数え上げやすい、ブロックに分けるなど、考えやすい方法に課題を変換することが大切になります。

図形の問題も解き方を学習していくことが大切です。苦手意識をもちやすい分野ですが、複数の解き方を示すことなども苦手意識の克服に役立つでしょう。

文章題を解く…文の構造をつかむ力

文章題を解くには認知能力のどんな側面と関係があるのかが調べられました（坂本, 1995）。計算をするには数を処理する能力も必要ですが、文章の中に出てくるいくつかの数値を記憶する作業記憶で一時に処理される情報の量に関係があると考えられます。

文章題で正答するかどうかの鍵を握るのは、文章の中に出てくる数値の関係をつかむ、文章の構造を把握する言語能力が関係していることが明らかにされました。

文章題を読んで解答するには、文章の中に出てくるものごとの関係を把握することが大事なのです。おとなは文章を読めば意識せずにそこで述べられている数値の関係を理解できますが、子どもたちにはしばしば難しいことです。

算数の授業では、文章題を読んで、「わかっていることは何です

か。求めることは何ですか。」と問いを出して，文章に述べられている関係を把握させることが行われます。

　書いてあるとおりだからわかるはず，とおとなは思いますが，子どもにはそこに書かれていることから問題解決のために必要な関係を取り出して整理していくことが難しいのです。

　この，文章を読んでその中から必要な知識を取り出していく能力は脳の発達に関係があるということが指摘されています。文章を読んで必要な情報を取り出す作業をするとき，おとなでは使われている脳の領域が，8〜9歳ではあまり活性化されないことを示す研究がなされています (Turkeltaub et al., 2003)。

　子どもは体が成長するだけでなく脳も成長していきます。文章を読んでそのとおりに問題を解けばいいのだから，簡単なことで，なぜできないのかと不思議に思うかもしれませんが，子どもたちには文章から必要な情報を取り出してくる能力が発達途上にあるのです。そのことを知っておくと算数で子どもの何を手伝ってあげればいいのかが明確になると思います。

図を使って文章題を解く

　文章題を解くときに図を示すこともよく行われます。

　図を作ることによって子どもにわかりやすくなるだろうと考え，図を書かせるのですが，必ずしも作図をすることは子どもの理解を助けていないのではないかという実験結果が得られています (多鹿, 1995)。

　文章題を理解し，解くことには，① それぞれの文の意味を理解

する，② 文間の関係をまとめ上げる，③ 正解を得るための方略を選択する，④ 計算を行う，という4つのプロセスがあると考えられています。問題を解いているときに明確には意識しませんが，文を読んでそのまま，計算ができるわけではないのです。4つのプロセスには実行するために必要な知識が関わっています。

　日本語で書かれている文を理解して心の中で何かしらの構造に変換・統合し，それを算数の文法に則って数式に変換していく過程であると考えられます。日本語の文章を1語ずつ英単語にしても意味のある英語の文章ができません。日本語で表現されていることの意味の構造を英語の構造にしたがって表現しなおさなければなりません。算数の文章題でも，構造的な理解が必要になります。構造的な理解を助けるために図を用いようとするのですが，算数で用いる図

【問題】

よし子さん，たかしくん，としおくんの3人で運動会につかう花かざりを70こ作ります。たかしくんはよし子さんより5つ多く，としおくんはたかしくんより6こ多く作ります。それぞれ何こずつ花かざりを作ればいいでしょう。

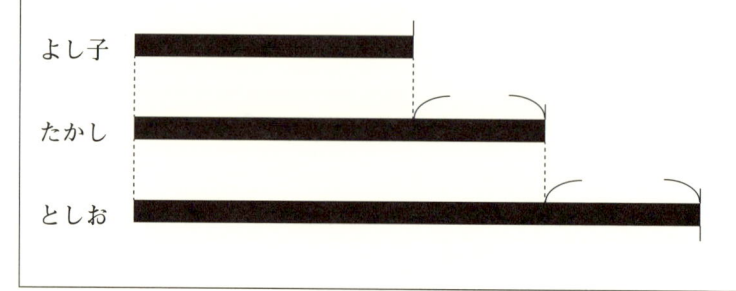

図15　文章題の図

にもやはり「図の文法」があり，日本語の文章題を計算式にするのと同様に図の文法に則った作図を仕上げることになっていると考えられます。

そのため，文章題を解ける子どもは作図もできているけれど，文章題が苦手な子どもは作図も苦手という結果になってしまうと考えられます。

それでも，文章を図にするトレーニングは，文章を計算式にするために同じようなプロセスをトレーニングすることになるわけですから，気長に作図を説明すること，また，基本問題とその図を理解することを徹底して繰り返し，そこから応用を図ることが望ましいと考えられます。

グラフを書く…メタ認知でプランを立てる

算数の問題を解くときにどんなやり方で解決しようかとプランを立てることが必要になります。これにはメタ認知という能力が関係しています。自分の行動を自分で観察するというモニタリングと呼ばれる作業を伴います。自分のとっている方法について自分自身で観察して検討する能力，「自分の行動を把握（認知）する，ことを把握（認知）すること」をメタ認知と呼びます。自分がやっている方法がどうもうまくいかない，他のやり方で解いてみよう…などと計画（プラン）を立てることは効率的な問題解決には非常に重要な要素です。

この能力が発揮されると，自分が計算を間違えた場合にも自分でどこが間違えているのかという自分のとっている方法をチェックす

ることに有効に働きます。

　グラフを書くという簡単に見える作業にもこのプロセスが含まれます。グラフを書く目的は何かというと変化をとらえることにあります。変化を効果的に表示するためには座標のめもりをどのくらいの幅にすればよいのかなどを決めることが大事になります（糸井，1996）。

　これらの目標をたてて子どもにグラフを書かせようとしても，表の数値を見てめもりに数値を入れずに突然折れ線グラフを書き始めたりします。すぐにめもりがないことに気づいて全部消そうとしたりすることもあります。書き始めたときには何らかの数値をわりあてたはずですから，その書き始めの点の数値を生かして記入するとよいのですが，自分の作業をメタ認知でとらえることが自力ではできなかったとみることができます。

　こんなときにはおとなが少し援助することで，子どもが自信を取り戻せます。「はじめにめもりを入れなきゃだめでしょう。」と手順を厳守させなくても「最初に書いた点はいくつの数値だったの？」とグラフにすべき表の数値にもどしてやると，自分のしようとしていたことに気づきます。

　グラフを書くときにはめもりが決まっていなくてはいけないのですが，めもりが決まるにはグラフがはみ出さないようにだいたいどのようなグラフになるのかのイメージができていなければなりません。つまり，グラフを書く前にすでにグラフがどのようなものなのか頭の中でグラフができていないと描けないことになります。

　このように計画を立てる能力は自分のしようとしていることを客観視するメタ認知の能力が必要になります。この能力は4年生ころ

に発達する能力であるとされています。

平行四辺形の面積…記憶の中で知識の組み立ては変化する

　面積などの公式を覚えるときには，いわゆる丸暗記であってもいくつかの公式を覚えるうちに記憶の中で知識どうしの組み立てが変化してきます。記憶の再体制化といわれる現象です。知識は記憶の中でばらばらに収納されているのではなくて，お互いに手をつなぐようにつながりあっていると考えられています。知識は単独で記憶のネットワークの中にあるのではなくて，知識がお互いにどう関連するのかによってそれぞれの知識の位置づけが変わってきます。

　平行四辺形の面積の計算のしかたについては，2つの導入方法があります。ひとつは平行四辺形を2つの部分に分けて考え，片側の直角三角形を切り取って反対側に移動させるように考えることによって（底辺×高さ）を長方形の公式として長方形の（長い辺×短い辺）として理解させる方法です。もうひとつは平行四辺形をひとつの対角線によって2つの合同な三角形に分けて考え，三角形の面積の公式から（底辺×高さ÷2）の2倍と考え（底辺×高さ）へと導く方法です。この公式を習ったばかりの小学生はどちらで理解しているかを検討したところ，習ったばかりの小学生では平行四辺形は長方形の仲間として理解されている傾向がより強いことが示されました。しかし，中学生になると平行四辺形の面積のだし方は三角形の面積の求め方により近く認識されている傾向がありました（糸井ほか，1999）。

　これは三角形やさまざまな四角形の面積の出し方が小学生のとき

平行四辺形を長方形に変換して面積を（長辺×短辺）で考える。

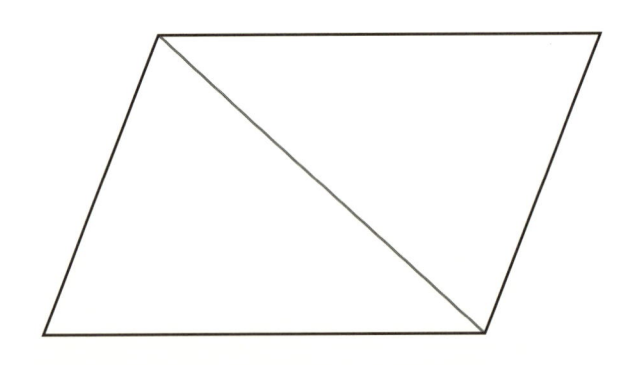

平行四辺形を三角形（底辺×高さ÷2）が2つあると考える。

図16　平行四辺形の面積

はひとつずつ学習されていて、その関連性はあまり明確になっていないのですが、中学生ではさまざまな三角形や四角形の面積のだし方（ひとつの辺×その辺に直行する高さ）を求めることを基本としてよりまとまりをもって理解されるようになるからではないかと考えられます。

　子どもの学年によっても、同じことがより深い理解に発展していっていることがうかがえます。その学年でわかりやすい教え方、何年かたってより深い理解に発展する教え方、いろいろな教え方の効果の出かたが異なることもありえるわけです。教育はそのときに効果がすぐ期待できなくともやがてじわじわと効果を発揮することもありえます。

　すぐに理解させることも大事ですが、ゆっくりと、より本質的な理解に至る教え方も工夫できるとよいと思います。

　小学校の間に子どものさまざまな認知能力が発達します。記憶能力・文章理解力・空間処理能力など、さまざまな能力の発達に算数の学習が支えられています。おとなは子どもの算数学習を指導したり、手助けしたりするときに、どんな能力が関係しているのかどんなことが子どもの知識の中に生じているのか想像しながら向き合うと子どもをより理解し、学習場面を楽しく進めることができると考えられます。

5章　算数に取り組む子どもの気持ち

適切にほめる

　「ほめて伸ばす」とは，よく言われることです。罰を与えることはよい効果をもたらさないことはよく知っておいてほしいことです。しつけるためと称して，体罰などを加えても子どもは学習できるようにはなりません。罰を与えると子どもはいうことを聞くのではないかと思われるのかもしれませんが，罰を与えられると全体的な活動水準が低下するだけなのです。つまり，なにに対してもやる気が無くなるのです。体罰などの虐待を加えると成長ホルモンの分泌が低下することが知られています。心を傷つけると身体の発達への影響も出るのです。脳も身体の一部であることも忘れてはならないでしょう。けなし続けることなど，ことばの暴力も同じです。

　バンデューラという心理学者は学習が成立するために自己効力感という概念を重要視しました (Bandura, 1977)。自分が行動することで何かが変わるという有能感のことです。何かを成し遂げたという達成体験をもつこと，また，自分でなくてもほかの人が達成したところを見ること，ことばによって自分が有能であると励まされること，達成が気分の高まりを伴うことなどが自己効力感をもつことに大切であるとしました。

　何かを学ぼうとするときには，自分が努力するということと結果

が現れるということを分けて考えることが必要です。がんばっても結果が出ないことはよくあることです。かけっこで一番になろうと思っても競争のとき自分より速く走る人がいたら一番にはなれません。それでも一番になろうとした努力に対する自信がもてるかどうかが問題なのです。この「自分は努力できる」という自信が自己効力感です。結果に左右されずに努力を惜しまない自分ということを自分で信じることができるかどうかが大切なのです。

内発的動機づけ…知的好奇心

　算数の問題を解くことが楽しいと思えるようになるにはどのようにしたらいいのでしょうか。子どもが算数の問題を解くときに一緒に考えて，子どもが解いたときに一緒に喜ぶことが大切です。表面的に点数だけを見るのではなくて，どんな問題を解いているのかそこにおとなが関心をもつことが大切です。

　「過度の正当化効果」という現象が知られています。勉強したらごほうびをあげるという条件を先に出して，プレゼントを買ってあげる，などとやたらにごほうびを与えられると逆にやる気をなくしてしまう現象です (Lepper et al., 1973)。

　子どもに勉強をしてもらいたいと思って，「勉強するとお小遣いをあげるよ」というようなことを繰り返していると，勉強をすることが楽しくて勉強するのではなくて，お小遣いのために勉強するようになってしまい，勉強の楽しさがわからなくなってしまうのです。

　予測していないときに「よくがんばったからごほうびね。」とい

う「予測しない報酬」はそれほどやる気を失わせませんが、あらかじめ勉強したらお小遣いをあげる、プレゼントをあげる、と条件を出すのはやる気を失わせてしまうのです。

　一番望ましいのは勉強が楽しくて勉強するという、「内発的動機づけ」によって伸びることなのです。これは、子どもの中に育つ能力なので親や先生からの働きかけは簡単ではありません。また、自分の中の「内発的動機づけ」を伸ばすこともおとな自身にも難しいことです。おとなであっても、なんとかお稽古ごとをつづけようとか、健康のためにランニングをしようと思っていてもなかなか自分をコントロールすることも難しいことです。

　子どもの勉強に対する内発的動機づけをのばすことは、簡単ではありませんが、おとなのほうでも根気強く子どもの一つひとつの行動やことばに注意を向けて、子どもと一緒に学習することを楽しむようでありたいと思います。子どもが面白がっていることを一緒に面白がり、子どもが不思議に思っていることに一緒に興味をもって考えていくことが大切です。

算数の知・情・意

　計算問題がスピードをもって解けるようになることは、計算のプロセスが自動的になってきていることを意味しています。ひとつずつの作業が考えこまずにできるようになってきます。そのようになれば、計算問題も楽しく解いていけるようになり、また、もっと難しい問題を解いていこうと思うようになります。つまり、わかる（知）、楽しい（情）、もっとがんばろう（意）は連動して動いている

ことがわかります。計算のトレーニングがどのくらいのスピードで解かれているかを知ることは，子どもの理解や気持ちを知る上で重要な情報源となるのです。

　計算にとても多くの時間がかかっているときは，わからない，苦しい，やりたくないという負の連鎖に入ってしまいます。そんなときには問題のレベルを変えてより基本的な計算練習を行うことが望ましいのです。そうすれば，基本をもう一度復習できる，楽しい，自信をもってさらに複雑な計算に向かうことができるという望ましいスパイラルに入っていきます。

　子どもにそのつど適切な問題を示すことの重要性がわかります。その時点で到達できそうな問題に向かわせることも大事です。

　やる気があればどんな問題も解決できるわけではありません。逆に問題が非常に困難な場合はやる気があまり高くなりすぎないほうが結果がよいという現象も知られています。ヤーキーズ・ドッドソンの法則という名前もついている現象です。入試などの全力を出さなければならない場面ではあまりにやる気が強すぎてもうまくいきません。むしろある程度リラックスしていたほうがいいと考えられます。やる気のコントロールも必要になります。

　やり遂げることができるのに十分な問題のレベルを設定し，必要な時間をかけてきちんと達成をし，次のレベルへ進んで行き，新たなやる気が生じるように進行するのが望ましいと考えられます。

失敗の原因をどこにもっていくか？

　テストの成績がよくなかったときにその原因がどこにあると考え

コラム5
ヤーキーズ・ドッドソンの法則

"Yerkes-Dodson's law"は生理心理学の基本法則です。ロバート・ヤーキーズとJ.D.ドッドソンという心理学者がネズミを用いた実験で発見しました。学習活動に対する動機づけは適切なレベルにあることが必要であるというものです。

一般に覚醒レベルが高くなるに従って作業成績は上昇しますが，最適なレベルを越えて，強い情動が喚起されるような状態になると，作業成績は低下します。つまり，覚醒レベルとパフォーマンスには逆U字型の関数関係が成立することになります。またこの最適な覚醒レベルは，作業の困難さによって変化することが知られ，易しい課題では覚醒レベルが高いほうが作業成績はよく，困難な課題ではそれほど高くない覚醒状態のほうが作業効率がよいことが見出されています。

近年では，ドーパミンという神経伝達物質にもこの法則がみられることが知られています。ドーパミンは思考や情動に広く関連していますが，ドーパミンが不足すれば認知の障害を生じ，多すぎても短期記憶課題に障害をもたらすとされています。覚醒度が高すぎても低すぎても作業成績はよくなく，中程度の覚醒状態で成績が上昇するというヤーキーズ・ドッドソンの法則がドーパミンの作用にも当てはまることが見出されています。

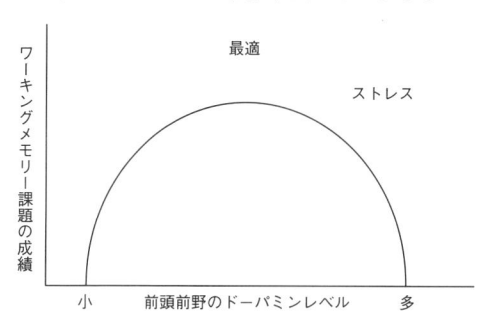

前頭前野におけるドーパミン作用に関するヤーキーズ・ドッドソンの法則

ますか？ たまたま運がよくなくてヤマがはずれた，もともと算数の能力がないんだ，先生によく思われていないから自分ができそうにない問題を出された，いつも努力していないからこんなことになった，前の日に「一夜づけ」するはずだったのにたまたま寝てしまった，ノートを見せてもらった友だちがまじめにやってなかった，…などなどさまざまな理由を考えるでしょう。心理学ではこれを原因帰属と呼びます。成功や失敗の原因をどこにもっていくかによって次にどう取り組むかも変わってきます (Dweck, 1986)。運がよくなかったと考えるなら，おまじないか何かで運が変わるかもしれないと考えるかもしれませんし，ノートを借りた友だちのせいであれば次は別の友だちにノートを借りようと考えるかもしれません。自分が日ごろから努力しておけば結果は違っていたと考えれば，今度は努力しようと思うでしょうが，自分には能力がないと決めつけてしまえばやる気は出てこないでしょう。思うような結果が出なかったときには原因をどこに見出すかは次の行動を左右する大切な第一歩になるわけです。

　したがって，子どもが問題を解けなかったとき，あるいはテストの成績がよくなかったときにどこに原因を見出すのかをみていかなくてはなりません。「やっぱり算数はだめね。」と言って，能力がないというところに結論づけてしまえば，なかなかやる気には結びつかないでしょう。

　自分が変化を起こしうる，自分の努力で変化が起きるというところに原因を見出すように導きたいものです。ただし，「自分が努力しなかったからでしょ。」といっても努力しようという気持ちに子ども自身がなるかどうかが問題です。どこを変えればいいのか，具

体的に努力すべきところがわかるように手伝えるとよいと思います。やる気を起こすには具体的な変化への気づきが大切で、一つひとつの場面で具体的な方策が立っていくことが望ましいと考えられます。

計算のトレーニングで自分のイメージを形成する

　ゆとり教育に対してこのままでいいのだろうかという疑問も大きくなっているようです。学校では計算のトレーニングなどをそれほど多く行わなくなってきているようにみえます。また、「考える力」が重視されることで計算のトレーニングのような根気強い作業は学校では多く行う時間がないのかもしれません。一方で、百マス計算のブーム、「脳トレーニング」のブームなどで計算のトレーニングについて新しい見方がされるようになってきました。問題の数値を次々に見ながら次々に答えを書いていくような作業で脳のさまざまな場所が活性化されるということも研究されています。

　また、簡単な計算問題を繰り返し行うことによって、クラスに落ち着きが出てくるといった教育実践も行われています。計算のトレーニングを毎日やるとなぜ子どもが教室で落ち着いたりするのでしょうか？

　アイデンティティという概念があります。自分を自分たらしめているものがアイデンティティです。アイデンティティの理論を確立したエリクソンは発達段階の各段階を発達の危機としてとらえました。乳児期は基本的信頼対不信の段階とされ、青年期がアイデンティティの確立対拡散の段階とされます。つまり、乳児期では親や

養育者との間に乳児が基本的信頼を形成できるかどうか，青年期はアイデンティティが確立されるかどうかが発達にとって重要であると考えられています。小学生は勤勉性の段階だとされています。つまり，何かに熱心に取り組み続けることによってこの段階の自己の形成が行われていくと考えられるのです。毎日，サッカーをがんばっている自分，計算のトレーニングを欠かさない自分という形で自分が形成されていくと考えられます。

子どもたちのおけいこごとでは「もうやめる！」という子どもと「がんばって続けなさい！」という親の闘いが繰り返されます。これもアイデンティティをめぐる闘いであるかもしれません。親が押しつけてくる子どもへの期待と，子ども自身がなりたい自分への模索との間で葛藤が繰り返されているとみることができるでしょう。この闘いは自分探しの闘いと考えることができます。また，その道のプロにならなくていいから，何か得意なものを続けてほしいと願う親の気持ちも，子どもの自己の形成につながるようにとの親の願いともみることができます。

楽しさの中で計算のトレーニングやスポーツなどが続けられるのであれば，とてもいいことでしょうし，山あり，谷ありで勉強やおけいこごとをいやになったり，またがんばったりすることにも大きな意義があるのではないでしょうか？

算数・数学とコミュニケーション

さて，数を数える行動は社会の構造によって学校のようなシステムがないところでも使われています。そして，その文化の中でも世

代を通して数え方が伝達されているのです。しかし、その文化が孤立していれば数え方は隣の文化と異なっていても大きな不便がなく、その文化の中でのみの数え方が代々伝達されていくことになります。

　私たちは、0, 1, 2, 3, 4, 5……という数え方をごく当たり前に使っていて、これ以上に優れた方法など考える必要もなくすごしています。しかし、江戸時代までは漢字を用いて数学を行っていました。日本には和算という優れた数学の体系がありました。整数論、解析学といった数学のその時代の最先端の分野も関孝和などの和算家によって発展しました。しかし、師弟関係で継承されてきたため、あまり一般に知られることはありませんでした。微分、積分などの分野では西洋での発見と同時期、整数論なども分野によってはより早く発見されていたものもあるとされています。

　明治時代に西洋の数学が一般的に広まるようになったのですが、和算も記載方法が漢数字ではなく、よりわかりやすい表記法であればもっと早く世界に広がっていたかもしれません。九百八十七万六千五百四十五などという記載法は計算をするうえで、算用数字といわれる0, 1, 2, 3, 4, 5……という記し方に比べれば不便です。漢数字のほかにも歴史的にはギリシャ数字、ローマ数字などがあります。今、多くの国でインド・アラビア数字を起源とする表記法が一般に用いられるようになっていますが、これはその過程でさまざまな文化の交流をへて採択されてきたものであると考えられています。つまり、さまざまな方法を出し合うコミュニケーションの中から、数字表記も選ばれてきたのであると考えられるのです。

子どもが算数を学習する過程にあってもやはり，コミュニケーションをとおしてよりよい方法が見出されていくことが大切です。おとなも子どもの考えに耳を傾けそこからともに学習していくことが望ましいでしょう。

子どもと一緒に親も成長する

　親が子どもの学習していることすべてに解答をしめせなくてもかまわないのです。おとなになると小学校で習ったことは遠い記憶になってしまうかもしれません。x, y など代数を使えば解けても，小学校の解法をおとなが忘れていることもあるでしょう。

　子どもが算数のどこで困っているのかを知り，「学校の先生に聞いてみて，わかったら私にも教えてね。」などということばかけでもいいと思います。自分が解けないとかっこ悪いからと子どもの問題を遠ざけないで，一緒に考えてわからないときがあってもよいので，子どもの問題に目を通せるといいと思います。

　中学・高校となるとまた，子どもの気持ちの発達も違ってきます。しかし，基本的にはおとなが子どもの勉強に関心をもって子どもたちを見守ることは，子どもの学習にとって，また子どもの心の発達にとって重要です。勉強がスタートする小学校の間は特に心がけたいことです。

　インターネットの使用が子どもの身近なものとなってきました。勉強でのインターネットの使用は重要な学習方法です。しかし，さまざまな危険もあります。子どもが自分の個室でなく，リビングでパソコンを使用することが推奨されています。

子どもが実際の社会で行動範囲を広げていくときに，おとなが付き添って徐々に世界を広げていくように，コンピュータを入り口とした世界においても，はじめは手を引いてしだいに一人で行動できるよう見守ることが必要になります。

　算数・数学の世界への旅立ちにもやはり，親や先生と一緒に世界を広げていきます。

　子どもが発達していくことは当たり前のことと受けとめられますが，「親の発達」ということも心理学の研究領域として研究されるようになってきました。子どもを育てることによって親も発達していくと考えられています。親は子どもが小さいときは子どもの身の回りの世話で大忙しですが，子どもが成長するにしたがって，重きをおくところも変化してきます。子どもの発達にとって学校での勉強が大きな位置を占めるのであれば，そのことにどう関わっていくかということは親の発達にとっても重要なことです。

　また，教師としての発達という職業的な発達ということも重要です。自分の子どもでなくても，あるいは教師でなくても社会の中で次世代に何かを伝達しようとすることは成人期の大きな発達課題と考えられています。

　子どもが親から学ぶのと同じように，親も子どもから学んでいくことが子どものこころの支えになっていくと考えられます。子どもが勉強している姿から自分も学ぼうという親の姿勢を見ることができたら，子どもたちも難しい問題に立ち向かう勇気がわいてくるのではないでしょうか。

　インドで学校を建てるというボランティア活動に参加した日本の

大学生がインドの子どもたちが熱心に勉強するのを見て驚いて教えてくれました。その大学生たちが訪れた地区は貧しくてテレビもゲームもありません。子どもたちはうちに帰ると熱心に勉強していて，そこでは日本の高校生が学習する内容まで小学生の子どもたちが学習していたそうです。

　日本の子どもたちの周りにはテレビやコンピューター・ゲームや面白いものがたくさんあります。夕方になると退屈することが無いから算数の教科書を開く…などということは日本では本当に少ないでしょう。日本ではそれだけ，勉強の楽しさに近づくのが困難な環境にあるということも忘れてはならないでしょう。

　子どもは乳児期から算数・数学能力を発揮して，それを学校での学習につなげていくためにさまざまな能力を駆使して発達していること，ひとつずつ算数の力を獲得していっていることをみてきました。これは小さな数学者が新しい数学的な発見を積み重ねて，算数・数学の学習をそのつど達成していく過程であるとみることができるでしょう。おとなはその発見に立ち会いながら，子どもの能力に驚く機会をたくさん与えられているのです。

　子どもの勉強を通しておとなが子どもの理解を深め，よりよいコミュニケーションができることが望まれます。

6章　40億年の学習…算数・数学についての行動遺伝学的研究

「子どもはほめて育てる」ということの科学的な根拠はどこにあるのでしょうか？　ひとつには罰がよくない効果をもたらすことがあげられますし、また新しい学習に結びつかないことにもよります。

なぜ，子どもに対して肯定的でよいのかといえば，それは赤ちゃんが生まれてきたときにすでに40億年の学習をすませていると考えることができるからなのです。ヒトという種は地球に生命が誕生してから，環境に適応するように進化してきたと考えられます。環境に適応しようとさまざまな能力を40億年にわたって獲得してきたと考えられるのです。ですから，生まれてきたときにすでに算数・数学の能力を備えていることも驚くことではないかもしれません。

トリなどの数の能力の研究も行われてきました。トリの仲間は数の大きさを見分けることができるとされています。木の実が枝についているとき，多くの実がついている枝はどの枝なのか，そしてどこにとまるべきかを見極める能力は生存のために重要です。

数や量についての能力もこのように生存に関わる能力として進化の中で獲得されてきたと考えることができるのです。

赤ちゃんは0歳で生まれてきますが，進化の歴史の中ではすでに40億年＋0歳と言えるでしょう。親が20歳であろうと40歳であろうと，親の年齢は40億年＋20歳，40億年＋40歳とみることができます。その20年なり，40年なりの経験はもちろん尊いもの

ですが，俯瞰してみれば親子の差は誤差の範囲とみることもできるのです。

　無理やり教え込もうとがんばらなくても，もっている力が発揮できるように考えることでよいのは，このような見方に立つと納得できるかもしれません。

　子どもの可能性を信じる，自分の可能性を信じる，というのもこの40億年に対する信頼とみることができるかもしれません。

40億年の学習の伝達

　では，この40億年の学習はどのように伝達されているのでしょうか。それは生まれたときにすでにもっている遺伝情報として伝達されていると考えらます。人間の遺伝子は3万個といわれていて，そのうちの95％以上がチンパンジーやゴリラと共通であるとされています。遺伝子の構造上の差はチンパンジーとの間で1％，ゴリラとの間で2％くらいであるともいわれています。したがって遺伝情報でヒトをヒトたらしめているところは遺伝情報の総体からみればわずかであることになります。さらにヒトの間の個人差をもたらすところはほんのわずかであることになります。

　遺伝子は体の細胞の中に1組ずつ入っていて，1つの遺伝子がATGCの4種類の塩基の配列によって決まっています。4種類の塩基の配列が組み合わせられることによって固有の物質が組み立てられることになり，仮に10個の配列であっても100万を超える組み合わせになります。このことによってヒトと類人猿の間のほんの1％くらいの差が大きな違いをもたらしていることになります。

この遺伝情報によって数に関する能力も脈々と受け継いできたのだろうと考えることができるでしょう。チンパンジーへの記号言語の教育でも数に関する記号を学習することが示されています。数能力はヒトにだけ突然現れる能力ではないことがわかります（友永ほか, 2003）。数能力が進化の中で脈々と伝達されていったことがわかります。

個人差はどうして生まれるか

　さて，私たちは進化の中で数能力を発達させてきたと考えることができ，ヒトという種としてその能力をもって生まれてきていると考えられることがわかりました。一方で，同じヒトなのに算数が得意だったり，苦手だったりという個人差があります。個人差はどのようにもたらされるのでしょうか。

　同じ親の子どもなのに，お兄ちゃんと弟では算数の勉強の好き嫌いがとても違っている，などということはしばしば起きることです。同じ親から生まれたのだけど，お兄ちゃんのときと，弟のときでは育て方に違いがあったからではないかしら…，ということは親がよく悩む問題です。子育てが思い通りにいかないことはごく当たり前のことです。しかし，何かあるたびに親は「私の育て方のせいではないかしら…。」と不安になります。

　遺伝と環境という問題は心理学の古典的で堅苦しい問題と思われがちですが，実は日常的で身近な問題なのです。乳幼児期の発達相談でも，お母さんやお父さんたちからこのような悩みはよく聞かれます。

あるお母さんはこんな相談をしました。「自分の弟は，子どものときに教室で落ち着いて勉強していることができなくて，小学校2年まで授業時間によく教室を抜け出していました。弟は社会人になった今でもカタカナとひらがなの区別が苦手です。実は自分の母親もカタカナとひらがなの区別が苦手です。自分の子どもは5歳ですが，落ち着きがなくて困っています。落ち着きのなさは自分の弟に似ているような気がしますが，遺伝なのでしょうか…。自分たちが子どものときは母親が仕事をしていて保育園に行きましたが，母親が忙しくてさびしかったので，自分の子どもは幼稚園にも行かせずに自分の手元で一所懸命育てています。お勉強を教えてくれる幼児教室には週に何回か行っています…。」このような場合には，親は子どもの能力や個性が遺伝なのか育て方によるのか，とても悩んでいるのです。

遺伝も環境も

子どもの個性は親の育て方によって決まるのでしょうか。親の育て方ももちろん重要ですから，親が自分の影響の大きさに責任を感じるのは望ましいことでしょう。しかし，子どもの個性は育て方だけで決まるのではないと考えられています。

自閉という傾向が，親の育て方によっているという誤解が，かつて専門家にすらもたれていたために，親子がとても苦しむということが続きました。

今でもお母さんがあんなふうに子どもと話すのが苦手だから子どもが自閉になったのでは…という見方をされてしまうことがありま

す。確かに自閉の子どもの親は，子どもに話しかけたりするのがじょうずではないように見えることがあります。この様な状態を見ると親が先に生まれたのだから，原因は親にあるかのようにみえます。ところが生まれたときからおとなしくて，不快なときでも泣いて自分から親を呼んでおむつを替えてもらおうとしたり，ミルクをもらおうとすることが少なく，そのいっぽうでいったん機嫌がわるくなると，おむつを替えようが，ミルクを与えようが，お外に連れて行こうが泣き止まない，といったことが続くという赤ちゃんもいます。このような状態では親は子どもとどのようにコミュニケーションをとっていったらいいのかわからなくなってしまうのです。その結果，子どもとのかかわりがぎこちなく見えてしまうことがあります。自閉傾向のある子どもは親の育て方ではなくて，むしろ神経生理学的な個性としてその傾向をもっていると最近では考えられるようになってきました (Rutter, 2006)。

　子どもの能力や個性がどのように形成されるかということについての科学的な解明は，子どもを理解し，その成長を助けるためには大変重要なことだと考えられます。

　子どもの能力や個性の偏りが親の育て方のみによって決まってしまうという見方は，親を苦しめ，その結果，ますます子育てがうまくいかなくなるということがみられます。

　能力や個性がどのように育まれるかということについて科学的な理解をすることは親にも学校の先生にも，あるいは社会的な問題意識としても重要なことであると考えられます。

　ところが，子どもの能力や個性は育て方という環境要因ではないとするなら，遺伝的ということになり，そんなことが遺伝的という

のは失礼ではないか…、という考えも一方ではあるようにみえます。遺伝的というと生まれつきで直せない、そんな失礼なことを言っていいのだろうか、と思われるのです。また、遺伝というとその家族や親戚などの問題と考えられてしまいがちで、これも大変失礼で問題のある見方になるのではないかという懸念がもたれます。そのため、能力や個性が遺伝的な基盤をもつという考えはタブーのように思われる傾向があったように思われます。

しかし、心理学やその近接領域からなる行動遺伝学という分野の研究が進んで、遺伝か環境かという二者択一ではなく、「遺伝も環境も」という考え方が広がってきました。さらに遺伝と環境がどのように作用するのかということに関心が向けられるようになってきました。

ポリジーン・システム

たとえば、身長は人それぞれ異なりますが、背の低い人から高い人まで連続的に分布する特性をもっているといえます。この連続して分布する特性にはポリジーン・システムという遺伝のメカニズムが仮定されています。つまり、単一の遺伝子によって外に現れる表現型が決まるのではなく、多くの遺伝子が複合的に関わってひとつの表現型を作ると考えられています。そしてこのような連続的に分布する特性は遺伝要因だけでなく環境要因の影響も多く受けることが知られています (プロミン, 1994)。

ここでメンデルの法則を思い出してみましょう。ピンク (Aa) の花のエンドウマメどおしの親から、次世代の子どもは赤 (AA)：ピ

ンク（Aa）：白（aa）の3色の花が1：2：1の割合で発生することが知られています。仮に2組の遺伝子によって花の色が決定されるとするとピンク（AaBb）の花どおしの親から次世代の子どもは赤（AABB）：赤いピンク（AABb, AaBB）：ピンク（AaBb, AAbb, aaBB）：白いピンク（Aabb, aaBb）：白（aabb）が1：4：6：4：1の割合で生まれてきます。これらの分布は2項分布と呼ばれます。このとき2組の遺伝子ではなく，さらに非常に多数の遺伝子が関与していると仮定されるとき，分布は正規分布と呼ばれるベルを伏せた形の分布になります。ひとつの特性に非常に多くの遺伝子が関与していることはポリジーン・システムと呼ばれています（図17）。

また，多くの遺伝子が関係するポリジーン・システムの特性では，花の色が日当たりといった環境要因で表現型が変化するように，環境要因もたくさん働きます。

ここで気がつくことはピンクの花の親からピンクの花の子どもだ

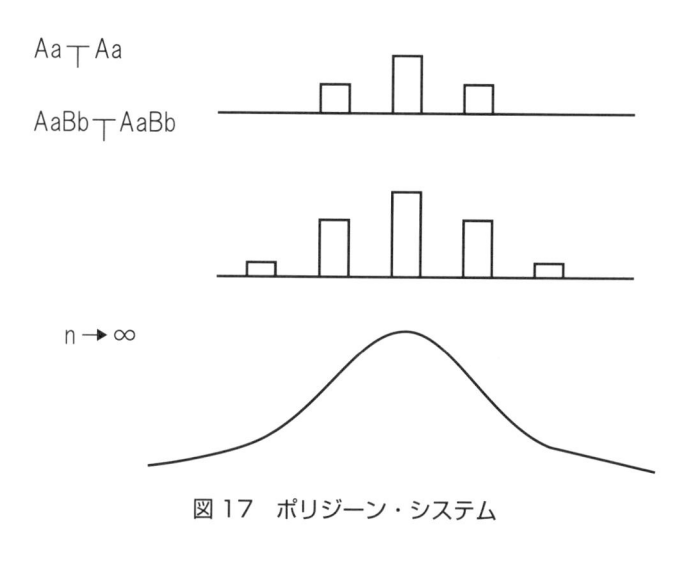

図17　ポリジーン・システム

けでなく，赤い花の子どもや白い花の子どもも生まれてくることです。遺伝ということばは日常的には，親に似ていることを指します。親が一重まぶただから，遺伝して私も一重になった，親はふたえなのに私は一重になって遺伝しなかった…などというように遺伝ということばを使います。しかし，遺伝ということは科学的には，表現型として親に似た子どもと親に似ない子どもを生みだすシステムだと考えることができます。親に似た表現型だけを作り出すのではなくて，親に似ない表現型も作り出すことによって生物は自分たちの種の適応範囲をより広げようとしてきたのでしょう。

　この考え方を私たちの能力や個性の問題に適用してみるとさまざまなことがわかります。知能テストで測られる知能なども分布は連続的に変化し，正規分布が仮定されます。このような能力にも遺伝と環境要因が加算的に関わっていると仮定することができるのです。そして，一組の親からいろいろな子どもが生まれるのは，きょうだいでも遺伝的な能力が異なると仮定できることになります。兄のときと弟のときとでは育て方が違ったということだけではなく，きょうだいでもそれぞれの子どもが遺伝的に異なる能力をもって生まれてきていると考えることができるのです（プロミン，1994）。

　また，ことばの遅れや自閉スペクトラムなどの能力の偏りといったことにもこの考え方で説明ができます。親は小さいときからことばをたくさん話すようになったが，子どもはそうではない，といったことは決してまれなことではありません。逆に両親ともにことばの発達がゆっくりであっても，その子どもは小さいときからことばをたくさん覚えている，といったこともこの考え方で説明できるのです。能力の偏りといったものが，ある家族にだけ脈々と受け継が

6章　40億年の学習…算数・数学についての行動遺伝学的研究

れるのではなく，私たちみなが共有している能力の分布の中で生じ
 alいると考えることができるのです。

能力を運ぶ遺伝子

では，本当にそのポリジーン・システムの遺伝子は実在するので
しょうか？　すでに能力を運ぶ遺伝子は特定され始めています。た
とえば，言語能力の発達を遅らせる遺伝子はいくつか見つかってい

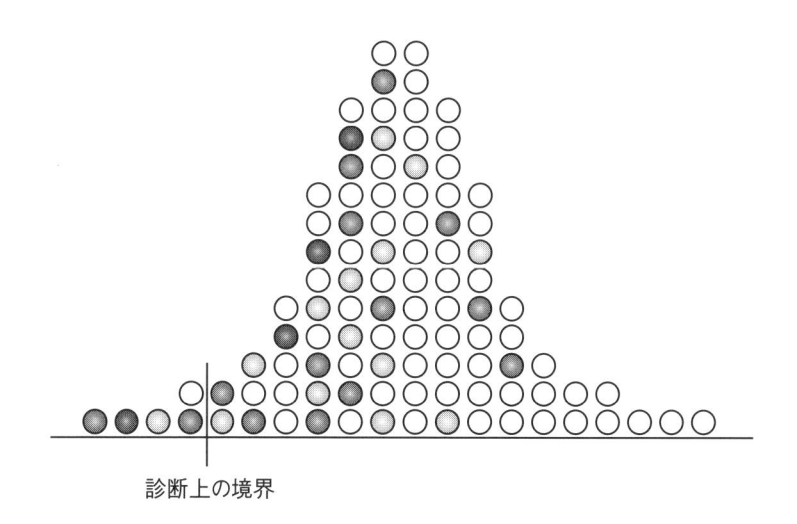

診断上の境界

たとえば，読み能力のような特性に関して分布があるとし，この能力の遅れを
もつ人が100人中5人いたとする。2つの読みの遅れをもたらす遺伝子があ
ると仮定し，そのいずれかをもつ個人を色の丸で表し，濃い●が2つともを
もつ個人だとする。それらの両方をもっても読み能力のパフォーマンスに問題
のない個人もいるし，両方もっていなくても遅れを生じる場合もある。

図 18　複雑な属性における QTL（Quantitative Trait Locus）
（Plomin, 1999 に基づき作成）

ます。これはひとつの遺伝子をもつことによって言語能力が決定的に遅れるのではありませんが，これらが複合したり，環境要因の働きにより言語能力の発達の遅れがもたらされると考えられているのです (Plomin, 1999)。

図 18 に示されたようにひとつのポリジーンの影響はさほど大きいものではありません。言語の発達に遅れがあるという判定が行われたとして，遅れがあるという検査の結果は必ずしも言語の遅れをもたらすポリジーンと一対一の対応はしていないと考えられます。仮定されるポリジーンをもっていない人でも言語の遅れがあるという検査結果を受けることはありますし，逆に言語の遅れをもたらすポリジーンをもっていて，それが複数であっても言語の遅れがあるという表現にならない場合もあるのです。

このような遺伝子の特定はさまざまな特性をもつ人とその近親者に対して，その特性と遺伝子の対応を研究することによって明らかになってきています。ADHD などについてもあるいはパニック障害などについても特定の遺伝子が関係している可能性が示されてきています。

「遺伝的」という仮定の社会的効用

しかし，さまざまな能力について多くのポリジーンがひとつずつ特定されているわけではありません。また，将来もそれらの遺伝子をある個人がもっているかどうかをひとつずつ調べるということが行われるようになるのでもないと思われます。それならば，能力に遺伝的な要因があることを仮定してもしかたがないと考えられるか

もしれません。しかし，何らかの遅れがある場合などには，環境要因のせいばかりにしないで，もともとある個性だと受けとめることが大切なのです。「遺伝」ということがこのように前向きな意味で使われるとよいと思います。

　遺伝的な要因が能力に関連しているからといって，自分の能力が一生変化することがないわけではありません。多くの遺伝的要因をもって生まれてきているのですから，自分の中の，まだ発揮されていない遺伝的要因があると考えることもできます。最近の研究では，酵素の働きによっては発現しないで眠っている遺伝子があるということもわかってきています (Rutter, 2006)。実際に年齢を経て徐々に発現してくる遺伝要因もあると考えられています。

　自閉傾向や学習障害という能力のアンバランスについては，認知の傾向について環境要因によるのではないと考えることは，しだいに社会的に理解されてきているように思われます。能力の発現について遺伝的要因があるという仮定が，能力の偏りなどを理解することに役立てばよいと考えられます。

　イギリスには国家的な募金行事に「ジーンズ・フォー・ジーンズ・ディ（Jeans for Genes Day）」というものがあります。学校や職場でのいつもの制服やスーツという決まりをその日は緩めて，ジーンズなど気軽な洋服で来てよいので，1ポンドの募金を学校に，職場には2ポンドをもっていきましょうという行事です。Jeans for Genes はことば遊びですが，遺伝的要因がもたらす障害などを子どものときから理解し助け合おうという目的で行われています。

　能力について遺伝的要因が働くことについてより深く理解され，発達を支援することにつながるとよいと考えられます。

測定される知能

　さまざまな能力に遺伝的な基盤があるなんて…，それって悲しい…などと思われるかもしれません。能力に生物学的で遺伝的な基盤があるということへの抵抗感は，能力は高いほうがよいというあたりまえのような信念から来るのかもしれません。

　ここで，知能という能力について考えてみましょう。知能についてはざまざまな定義があります。たとえば，適応能力であるという定義もあります。しかし，知能テストで測られる能力は人の適応能力を測っているかというと，そう直接的ではないようにみえます。知能テストで測られる能力と，実際に社会で適応的に行動することは単純にはつながってないのではないかと思われます。

　知能テストで測定される知能は短期記憶力や言語能力，空間能力，記号処理能力などです。短期記憶力は，無意味な数字の系列をおよそ1秒に1つ聞いて何個の系列まで覚えられるか，また，聞かされた順番と逆順に再生するのはいくつまで可能であるかといった問題によって測定されます。言語能力は，さまざまな言語表現の理解など，空間的能力は色のついた積み木をお手本どおり組み立てる課題，記号処理能力は指定された図形と記号を覚えて，示された記号に指定された数字を割り振っていく課題を制限時間でいくつできるかを測定する課題などが用いられます。

能力は高いほうがよいか

　知能テストでは，それぞれ，人によって電車が好きだったり，料理に詳しかったり，長年にわたって設計の仕事をしていたり，という個別の知識は測定されません。測定される知能は，記憶能力や記号処理能力，基本的な語彙などの言語能力など，むしろ情報を取り入れる能力であるといえます。私たちはこの基盤となる能力を使って外界を理解し知識を獲得していくのです。知能が高ければより多くの情報を取り入れることができるでしょう。

　子どもの知識獲得のスピードはおとなをはるかにしのぐようにみえます。特に子どもの言語獲得のスピードはすばらしいものがあります。しかし，子どもの短期記憶はひどく狭いのです。そんなに狭い短期記憶の範囲でなぜそれほど早い学習が生じるのかまだまだなぞが多いのです。

　小さな子どもはおとぎばなしなどを聞くのが大好きです。お気に入りの絵本を何度も読んでほしいと持ってきて親はしばしば飽きてしまいます。こんなときに活躍するのがおじいちゃん・おばあちゃんです。年を取ってくると話がくどくなってくることがあります。「おじいちゃん，その話はさっき聞いたよ…。」と言われることが多くなってきます。これは短期記憶に関わる海馬の容積などの変化が生じてくるためではないかと考えられています（横山・渡辺, 2007）。ところが，このくどい話をする特質は小さな子どもには大変ありがたい特質なのです。長い昔話は小さな子どもにとっては一度で理解が難しいものですが，何度も聞くことによって次第に意味を取って

いきながら理解を深めていくと考えられます。子どもの短期記憶の狭さゆえに生じる情報処理の特質に，お年寄りの情報処理の特質がぴたりとはまっているようにみえます。むしろ，短期記憶がピークにあるような若い親には何度も同じ話を読むのは苦痛であったりもします。

短期記憶が狭いことは決して悲しいことではないのではないでしょうか。それぞれの短期記憶を使って，その特質を生かして知識を獲得したり，知識を伝達していくことに意義があるのではないでしょうか。

能力の生涯発達

知能指数は年齢の変化にともなってそれほど，大きく変わらないと考えられるのですが，知能テストの素点は変化します。これは，知能指数がそれぞれの年齢群での比較に基づいた相対的な位置を示す指数であるからです。多くの場合，知能テストのそれぞれの課題での得点（素点）は，子どものときは年齢上昇に従って伸びていきます。つまり，子どものときは年齢の上昇にともなって記憶力などが増大していきます。また，老化によって減衰してくる能力もあると考えられています。このように，能力は生涯の中で変化していっていると考えることができるのです。

最近，赤ちゃんはおとなよりある面で優れた能力をもつことが知られてきました。私たちは人の顔から多くの情報を得ます。誰の顔であるかは大切な情報です。しかし，サルの顔についてどのサルの顔であるか識別することは私たちの日常にはほとんど必要がありま

せん。サルの顔を見てどのサルであるかを識別することはおとなにはとても困難です。ところが，赤ちゃんはサルの顔ですら識別することができる高い能力をもっていることが明らかにされてきました (Pascalis et al., 2002)。

人間の脳の神経伝達に当たる細胞であるシナプスは赤ちゃんのとき急速に増大し，その後，減少することが明らかになっています (Huttenlocher & Dabholkar, 1997)。自分に必要な情報をより早く処理できるように，大事な処理過程だけを発達させるためにあまり必要のない情報処理過程は捨ててきているのだと考えられています。

能力は高いことに意義があるのではなく，どんな能力を発達させるかを優先させて，人間の発達が起きていると考えられるのです。

遺伝率

では，知能にはどのくらいの遺伝的要因が，どのくらいの環境要因が働くのでしょうか。このことを知るために行動遺伝学では遺伝率という指標を用います。これは個人差の分散の中で遺伝要因が占める割合と環境要因が占める割合を比で示そうとするものです (Plomin, 1994)。

遺伝要因と環境要因を独立に仮定して，その比を出すためには，いくつかの研究方法があります。ひとつは養子研究法と呼ばれるもので，生物学的な親子，つまり遺伝的に関係のある親子と，養子親子，つまり遺伝的にはつながりのない親子の間で，親子の特性の相関値を比較する方法と，双生児研究法と呼ばれる一卵性双生児と二卵性双生児の相関係数を比べる方法です。遺伝率を出すためには最

近では双生児研究のほうがよく使われます。

　一卵性双生児は遺伝的に同一と考えられるので，遺伝的な相関値は1となります。一方，二卵性双生児ではきょうだいと遺伝的には同じなので，同じ遺伝要因をもつ確率は平均すると0.5となります。これが，ある特性が100％遺伝要因で説明できるときの理論上の値となります。

　しかし，実際，その測定値を比べるとこの理論どおりの相関値にはなりません。知能の家族関係の中での測定値は図のようになります（図19）。

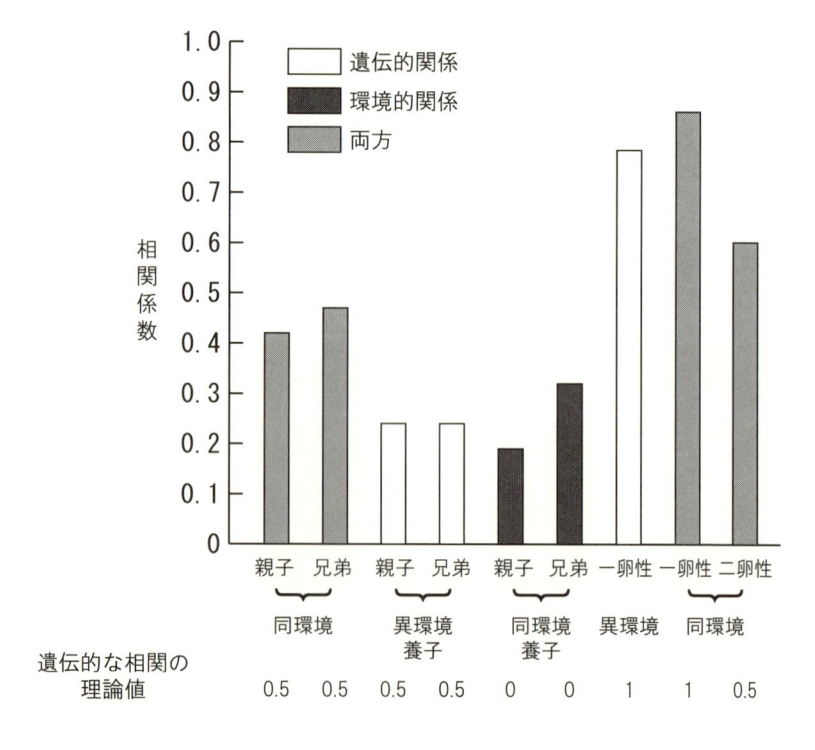

図19　知能の家族・養子・双生児における親子・兄弟間の相関の平均
（Plomin et al., 2000 に基づき作成）

そこで，性格テストや知能テストの実際の測定値によって一卵性双生児（r1）と二卵性双生児（r2）の値を比較してみます。

遺伝率は，$\dfrac{\text{遺伝分散}}{\text{表現型分散}} \quad \dfrac{Vg}{Vp}$ となりますが，一卵性双生児の相関値（r1）は $\dfrac{Vg+Ve}{Vp}$ と表すことができ，二卵性双生児の相関値（r2）は $\dfrac{0.5Vg+Ve}{Vp}$ となります。

つまり一卵性双生児の相関値の差（r1-r2）を2倍すると遺伝率が求められることになります。あるテストでたくさんの一卵性双生児と二卵性双生児の相関値を出したとき，一卵性双生児の相関値（r1）と二卵性双生児の相関値（r2）が，それぞれ0.6と0.4だった場合，その差0.2を2倍にした値0.4が遺伝率になり，その特質の遺伝率は40％ということになります。

この遺伝率を使ってさまざまな能力の遺伝要因と環境要因の働きが検討されてきました。

また，環境要因を，同じ家族の親子やきょうだいが共有する共有環境要因とその個人がもつ固有の環境要因である非共有環境要因に分けることも行われてきました。共有環境要因の大きさは養父母の家族での養子親子や養子どおしのきょうだいの間での相関係数を用いることで算出することができます。

これらの指標を使って，知能や性格などがどのくらい遺伝的でどのくらい家族内のような共有環境によるのか，またどのくらい非共有環境要因によるのかが検討されてきました。モデル適合という統計学的な方法でも盛んにこれらの影響の見積もりが行われてきました。

知能の遺伝率

　多くの研究によって知能の遺伝率は生涯を平均すれば50%くらいであることが明らかになりました (Plomin, DeFries, McClearn & McGuffin, 2000)。ここで意外な発見だったことは知能の遺伝率は年齢とともに上昇することでした (図20)。年を重ねていき，経験によって遺伝的な影響が薄らぐのではなく，年齢を重ねることによってますますその人がもっていた遺伝的特質が発揮されるということになります。逆に幼児期では遺伝率は40%くらいで共有環境要因がおよそ25%ほどであることがわかってきました。共有環境の影響は成人期ではほとんど0に近づいていくのです。

　つまり，生物学的で遺伝的なバックグラウンドをもつと考えられる知能ですら，幼児期には家族など共有する環境から受ける影響が強いのです。その影響は思春期まで少なからず影響を与えていることがわかっています。

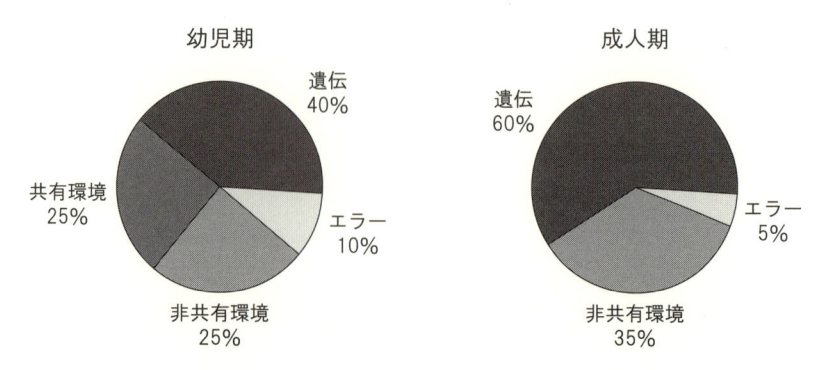

図20　幼児期・成長期での知能の分散の割合：遺伝・共有環境・非共有環境要因
（Plomin et al., 2000, p.177 に基づいて作成）

算数・数学の学力についての行動遺伝学的研究

　遺伝というと親に似ることをさすように日常的には思われています。親が算数は苦手だったから，それが遺伝して自分も算数は苦手だ…などと言ってしまうこともあるでしょう。

　これまでみてきたように，遺伝とは親に似た子どももももちろんですが，親に似ない子どもも生み出すシステムです。メンデルの法則によると，一対のピンクの花のエンドウマメから，赤から白までのさまざまな花の色の子どもが生まれることは良く知られています。つまり，それぞれの特性において「『遺伝的に』親に似ていない」子どももたくさんいるのです。

　では，算数・数学の学力については，遺伝的，環境的要因はどのような比率となっているでしょうか。

　学力と知能は同じものではありません。知能は情報を取り入れる能力ですから，学力に何らかの影響を与えるものであると考えられますが，それがどのように影響を与えていくかについてはひとつずつ解明していくことが必要でしょう。

　学力の個人差ということについては，あまり，目が向けられてきませんでした。同じ時間をかければ，だれでも同じような成果が得られるということが大きな前提とされてきました。しかし，さまざまな能力の人がいることをあらためて考えると個人差の理解も大事であると考えられます。

　能力の個人差に遺伝的，環境的要因がどのように影響するかという側面についての研究もなされてきました。近年の行動遺伝学の展

開により，学力についてもさまざまな研究がなされてきました。

　学業成績においては共有環境要因の影響が最も大きく，小学校においては60％を占めることがあきらかになっています。多くの研究において，算数・数学の遺伝率については小学生では，およそ，20％と見積もられ，読解，言語では30％くらいとなっています（Thompson, Detterman & Plomin, 1991）。中学・高校では共有環境の影響は少しずつ減少してくるとされています。逆に遺伝的な影響は少しずつ増加してくるとされています。しかし，これらの研究結果はまだ安定しているわけではありません。学力テストが一定ではないことなどさまざまな理由があると考えられています（Kovas, Petrill & Plomin, 2007）。

　ここまででわかっていることから，学業成績には，特に小学校においては，共有環境の影響が比較的に大きいと考えられます。家族の中で，あるいは同じ学校において共有された環境の影響は学業成績に大きいことがわかったのです。子どもの時代の学力には子どもが家族と共有するような環境から受ける影響が重要なのです。したがって学校のような子どもたちが共有する環境が重要であることがわかります。学校という制度の意義はこのような行動遺伝学的研究によっても確かめられたといえるでしょう。

　そのうえ，先に述べた，ポリジーン・システムの仮定によれば，遺伝的に親に似ていない子どもも少なくありません。だから，学校はますます重要です。算数が得意な子どもでも親が算数にあまり関心が高くないこともあるでしょう。そのときには子ども時代に出会ういろいろな先生からの影響がとても大切なものとなってくるでしょう。また，親子そろって算数に関心が低いこともあるでしょう。

そうなれば，ますます学校が果たす役割が大きくなるでしょう。共有環境の影響が大きい時期にあって学校教育の果たす役割の重要さは，行動遺伝学的研究により裏づけされたということができるのです。

日本での算数・数学の遺伝率

日本での行動遺伝学的な学力の研究は，欧米での研究に比してまだ少ない状況にあります。日本においての研究では，算数においての遺伝的影響はとても低く，長年にわたり双生児の教育を行ってきた東大付属中等学校での村石らの研究 (1998) では 0 に近いことが示されました。これは，欧米の研究の結果とはかなり異なっているといえます。日本で以前に行われた研究でも算数は遺伝的影響が低くなっています (副島, 1972)。このことには何らかの文化的背景があるのかもしれないと考えられます。

知能・学力・認知技能

知能には遺伝的な要因の働きが強かったのですが，学力では遺伝的要因の働きは小学校まではあまり高くありません。知能を使って学習をしていると考えられるのですが，知能とは異なりむしろ共有環境要因，つまり，家族や学校の影響が強くなるのです。

さらに，個々の問題解決の能力については非共有環境要因が強くなることが明らかになっています (Price, Eley, Stevensen & Plomin, 2000)。個別の問題解決にあたってはそれぞれの人が選んだ環境か

ら受けている影響が大きいのです。たとえば，設計の仕事をするために身につける認知技能は，遺伝的な影響や家族たちと共有した環境の影響を比較的に受けないことになります。

　知能という基礎的な情報を処理する能力は，学校での勉強や職業を身に付けていくための知識や技能の獲得に対しては唯一の決定力にはなっていないと考えられるのです。

　私たちの社会が子どもたちに学校を用意し，次第に大きくなるにつれて自分で学校や職業訓練の場を選んでいくようなシステムになっていることは，このような私たちの能力の発達の特性に合っていると考えることができます。

　行動遺伝学的研究からは知能テストで測ることのできる知能は生物学的な基礎が強いと考えられます。一方，学力はともに育つ子どもたちが共有する環境，つまり，家庭や学校の影響が大きいのです。そして，さまざまな認知技能，たとえば庭師になろうとするなら，そのことに必要な知識や認知技能は非共有環境要因，つまり，その人が選びとっていった環境から受ける影響が一番大きいのです。

　知能は情報を取り入れる基礎的な能力に過ぎません。小学校・中学校の学力をつけることは社会で生活するために大切です。それらを学校で獲得していくことが小学生・中学生の期間には大きいことが行動遺伝学の研究によっても示されているのです。さらにそこから高校や大学，専門学校などで，職業のための知識や技能はその人が選んだ環境の中でそれぞれ獲得していくことができる，この日ごろ当たり前と思っていることに私たちの能力の特性が関わっていると考えられるのです。当たり前ですが，大学では知能テストの成績が向上するトレーニングなどを行っているわけではありません。大

算数・数学の遺伝子はあるか？

　学業成績と知能の間で，関与している遺伝子が異なるのではないかという考えもあります。算数・数学の学力に固有に働く遺伝子があるのではないかということについても研究が始まっています。言語の発達の遅れなどに対しては，すでに関係する遺伝子が特定されてきています。認知能力の発達に関わる遺伝子の特定では，遅れているところを見つけるチェックリストを作って，その人の家族などで，類似の傾向をもつ人を探して，その人たちが遺伝子の配列の中で類似しているところを探していくという方法がとられます。

　算数については，アメリカの学力テスト SAT を使った研究があります。SAT は，アメリカで大学に行くために高校生が受けなければならない全国的な学力テストです。SAT の高得点者に対して，家族的な共通の特徴があるのかどうかについて研究が行われ，他の学力とは比較的独立した数学能力に特異に働く遺伝子がある可能性が検討されました (Wijsman et al., 2004)。

　この研究では，数学の成績が高かった子どもと英語の成績が高かった子どもを対象にして，それぞれの家族や近親者に高い数学能力を必要とする職業についている人が多いか等のことが調べられました。この研究は数学の能力の高さについてどのようなスクリーニングができるかというところまでを問題としていました。

　しかし，学業成績で個別に高いところを探す項目というのが，遅

れを探す項目よりは作りにくいために，能力を高くする遺伝子の特定は，能力を下げる方向に働く遺伝子を特定することよりも難しいであろうとされています。

　この研究上の制約は，方法的な問題にとどまらないかもしれません。つまり，高い能力を発揮するためにはいろいろな能力を組み合わせる必要があるので，特定の遺伝的要因との関係がみえにくくなるということもあるのではないかと考えられます。

算数・数学の能力と脳

　能力に遺伝的要因が働くことが明らかになってきています。また，能力に影響を与える遺伝子の存在についても少しずつですが，解明されてきました。しかし，その遺伝子が脳とどのように関係するのかなど，まだまだわかっていないところも多いのです。

　算数・数学を解いているときに脳がどのように関係しているかについてはどのようなことがわかっているのでしょうか。

　Siegler (2001) は，症例 KFK の事例を報告しています。KFK は，キャリアウーマンとして活躍していた女性でした。しかし，自室の暖房装置の不完全燃焼に長期間さらされたことにより，脳に酸素が不足する状態が続くという災難にあいました。その結果，いちじるしい知的能力の低下に見舞われ，その後の回復過程が報告されています。事故の前は経済の仕事で有能に活躍していたのですが，急激な知的な能力の低下の後，IQ は 100 くらいまで回復しました。文章を読んで理解するなどの能力は回復したのですが，数能力において顕著な問題を生じることとなりました。数の大小がわからないと

いう状態が続きました。このことに悩んだKFKは，文章を読む力はかなり回復していましたので，自分で新聞を読み数能力の発達の研究者Sieglerの記事を見て，自分からSieglerを訪ねたのです。しかし，2つの3桁の数のうちどちらが大きいかという簡単な問題でもKFKには困難な状態が続きました。成人でIQが100あれば，こんな数の大小はまったく問題にならないはずですが，なぜか数の大きさがわからなくなってしまったのです。

脳と数能力の関係に大きな示唆を得る症例であると考えられています。数の大小に関係する脳の働きについて固有な脳の機能があるのかもしれないことが示唆される例だということができるでしょう。また，数の基数的な側面と序数的な側面の発達にはどちらが先行するのかといった議論が以前からなされてきましたが，2つの側面が発達的にどう関係するのかについてこれらの症例などから示唆されることも大きいと考えられます。

数の大きさがわからないことはKFKに特殊なことではなくて，小学校低学年の子どもにはときどき，この種の問題がなかなか解決できない場合があります。おとなにはそんな簡単なことが…，と思われても，複雑な認知のプロセスがあることが予測されます。おとなにとってもたとえば分母の異なる分数の大きさの比較などは，やはり計算をしないとわかりません。

今後，このような問題解決の過程についても脳がどのように関わっているのかの研究が発展することが期待されます。

行動遺伝学的研究から学力にいえること

　算数・数学を学習していくときには，まず，情報を取り入れるために知能の働きが関係すると考えられます。この知能には生物学的な側面，つまり，神経学的な側面があると考えられ，遺伝的な要因の働きが大きいと考えられました。しかし，小・中学校での学力への遺伝的影響は少なく，共有環境要因の働きが最も高くなることがわかりました。

　安藤(1992)は，行動遺伝学の立場から個人差に対応した教授法の研究・開発が重要であると述べています。能力や学力の個人差が発達的にもありうることを想定することで，学力の個人差にも子どもの努力のみを求めないで，さまざまな教育方法を考えることにつながっていくことが望まれます。

　知能に関する一人ひとりの遺伝的要因を明らかにすることが求められているのではありません。そこには多くの遺伝要因が仮定され，環境要因もたくさん関連し，測定誤差もありえます。ただし，知能や学力を規定している要因を科学的に解明することにより，発達の個人差にも配慮した教育が行えるようになることが必要だと考えられます。

個人差と教育

　知能の個人差を考慮して教育方法を考えるということは具体的にはどのようなことでしょうか。

日本の学校では特別支援教育が始まりました。これは能力の個人差についてより配慮しながら教育をしていこうとするものです。自閉傾向をもつ子どもや学習障害といわれる子どもたちにますます関心が向けられるようになってきました。学習障害は特定の学習，たとえば計算，読み書きなどを苦手とする子どもたちです。計算についてなかなか習熟しない場合に，計算にまじめに取り組んでない…などと見られていたのですが，1人の能力の中にもばらつきがあって，そのために国語は普通に勉強できても算数だけはうまくいかないということがあることが次第に理解されるようになってきました。

　1人の人の中に能力のばらつきがあり，得意，不得意があることは誰にでもあることですが，このばらつきが大きい場合，周りには理解されにくいこともありました。しかし，知能テストなどの検査で能力の個人の中でのばらつきを測定することにより，子どもをより理解できることが知られるようになりました。

　知能テストの中でも言語性知能が弱い場合，あるいは動作性知能が弱い場合などさまざまです。

　WISCのような診断的な知能テストと呼ばれる，認知の各側面がそれぞれ測定できる知能テストを使って診断を行い，子どもの認知の偏りをみることが特別支援教育に取り入れられてきました。ことばの理解が苦手である，聴覚的な記憶が弱いなど，それぞれの知能の特性に合わせて指導法を工夫することが，学校教育の中で行われています (上野ほか，2005)。

　視覚的な情報処理が弱い場合，聴覚的な情報処理が弱い場合など，それぞれに，計算の途中を書いていく，繰り上がりのとき，繰

り上がった数を書く場所を決める，あるいは問題を黙読させるだけではなく，できるだけ音読をさせて意味理解を助けるなど，個別の援助方法が立てられてきています。

また，このような援助の方法は，他の子どもたちにとっても理解を促進させる方法になっていきます。

特別な子どもに特別な工夫をするというのではなく，個別の子もの特性を考えることによって多くの子どもに理解しやすい方法を工夫することができるのではないかと考えられます。

分数の苦手なA君

小学校5年生のA君は，学習障害という診断も受けていたのですが，知能検査の結果は80に届きませんでしたので，むしろより広い発達の遅れが疑われました。特に，短期記憶の測定結果は平均より2標準偏差以上も離れていました。しかし，学校中では勉強にも何とかついていっていましたし，お友だちとのかかわりにも積極的でしたので，担任の先生もそれほど大きな心配はしていませんでした。ただ分数の単元ではとても困難を感じていました。また，勉強のときいらいらしてしまうなどのこともしばしば見られていました。しかし分数について大学生の家庭教師と勉強していくうちに時には学校のテストで90点を取ることもありました。これをきっかけに他の教科の勉強でもますますがんばるようになって，自分で国語の教科書を1年生のところからチェックして，2年の漢字でも書けないものがあるなど，自力で発見することさえ行うようになりました。気持ちも安定し，A君のことをとても心配していたご両親も，

A君の状態を受け入れて，現在通っている高校まで続いている私立の学校より，もっとA君の発達の状況に合った学校があるのではなどと探したりもしました。ご両親は，将来，社会人になるために何か身に付くことを探してあげたいと願っていました。A君の学力は知能検査の結果から予測されるものよりかなり高い状態にありましたが，何がこのことをもたらしているのかは明確にはなっていません。A君の勉強には困難がともなっているのですが，明るく前向きなA君は，自分で将来を切り拓いていくのではないかと思わせるエネルギーをもっています。

子ども一人ひとりの特性を理解しようと努力することがその子どもの発達の支援につながり，その工夫がより多くの子どもに共有できるようになるとよいと考えられます。

さまざまな知能

さて，ここまでは知能を測定される能力として考えてきました。しかし，心理学の中での知能の定義には知能をより広いものとしてとらえる考え方があります。

そのひとつはスタンバーグによる知能の鼎立理論(ていりつ)(Sternberg, 2003)といわれるものです。「鼎立」とは「3本柱からなる」という意味です。知能の鼎立理論の3本柱は，分析的(あるいは構成要素としての)側面，創造的(あるいは経験的)側面，実践的(あるいは文脈的)側面からなります。分析的(構成要素的)側面は測定できる知能とそれらを効率よく使うための能力です。創造的(経験的)側面は新しい場面で今までの知識を応用する能力です。実践的(文

脈的）側面は日常的な場面で発揮される能力です。

　特に，分析的（構成要素的）知能を支えるものとして，単に学習のための基本的な能力だけではなく，メタ要素と呼ばれる，情報処理をコントロールし，振り返り，評価を行う能力や，メタ要素によって集められたパフォーマンス要素といわれる，実際に学習を行う方略，そして知識獲得要素として新しい知識を獲得するための認知過程があげられています。このスタンバーグの知能の鼎立理論では，単に認知能力だけではなくそれをどんな場面で，また問題解決のためにいかに能力を用いるかの方略や知識までをも知能の範囲と考えているのです。

　先ほど述べたA君は，自分で1年生からそのときの5年生までの教科書に出ている漢字について自分が書けるかどうかを調べました。自分の学習の状態を自分で振り返り，評価を行い，自分で自分の学習を補強しようとしました。スタンバーグの知能理論で言えばメタ要素の認知活動であると考えられます。この認知活動がA君の学習を向上させていっているとみることができます。

能力を生かす

　能力には個人差があります。同じ年齢の人でも能力はさまざまです。また，1人の人の発達の中でも能力は成長の中で変化していきます。つまり，能力は単純に伸びていくだけではなく，発達の途中でさまざまな変化を遂げます。成長によって高くなっていく途上にある能力，成長の中でしだいに衰退していく能力などいろいろな状況があります。

成長の過程の中で能力を伸ばすことだけでなく，その時々の能力を駆使して学習をすることの大切さに気づきます。変化していく能力の中で，子どものそして自分の能力をいかに発揮していくかについて考え続けていきたいと思います。

おわりに

　この本では，赤ちゃん時から算数の能力が発揮されること，そして，幼児期にも数への興味が伸びていき，さまざまな能力に支えられて学校での算数の学習が進行していくことをみてきました。また，能力は単純に伸びていくだけではなく，発達の途中でさまざまな変化を遂げます。その時々の能力を駆使して学習をすることの重要さについて考えてきました。

　さらに，子どもたちが算数・数学の世界で自分の能力を発揮していくときに親や教師はどのようにかかわることが望ましいのかについても考えてきました。子どものことばや小さな行動にも数や論理の発達があることに，驚き，感動することはおとなにとっても楽しいことですし，おとなのその感動がまた子どもを伸ばしていくのではないでしょうか。この本がその驚きや感動のきっかけに役立つことを希望しています。

　私は，子どものころ，夏の間はセミ取りを日課としていました。セミを捕まえて，かごの中に入れて飼おうと試みたり，標本として箱に虫ピンで並べたりするのが大好きでした。祖母はお盆になると「生き物は大切にしなければいけない」と言って，夕方になると捕まえたセミを逃がすように言われました。セミは7年間も土の中にいて，地上でたった7日間くらいしか生きられないと教えられました。土の中での7年間は，子どもであった私には想像できない時間の長さであるように思いました。

　1人の子どもは40億年の生命の歴史の結晶として生まれてきま

す。子どもの中に40億年の英知を見出すことによって，子どもが大切にされ，子どもとかかわることのすばらしさが理解されることを願っています。

　この本の出版にあたり，たくさんの方に助けていただきました。図・表やp.17のイラストはこの春卒業した東京学芸大学美術専修根本直子さんが書いてくださいました。そして，学文社の編集者落合絵理さんには多くの助言をいただきました。私の原稿の遅れのためにいろいろとご迷惑をかけることがありましたが落合さんとのやり取りの中で，本を作ることがより楽しくも感じられました。

　楽しいコミュニケーションの中で生まれた本が，算数を学習する子どもとの楽しいそして実り多いコミュニケーションにつながることを願っています。

2008年5月

著　者

引用文献
(引用順)

1章

Wynn, K. 1992 Addition and subtraction by human infants. *Nature*, **358**: 749-750.

ピアジェ, J. 1978 知能の誕生 谷村覚・浜田寿美男（訳） ミネルヴァ書房 Piaget, J. 1936 *La naissance de l'intelligence chez l'enfant.* Neuchâtel ; Paris : Delachaux et Niestlé.

糸井尚子・小林順子 1996 算数・数学能力を育てる―子どもたちとの対話を通して― サイエンス社

ゲルマン, R.・ガリステル C. R. 1989 数の発達心理学―子どもの数の理解 小林芳郎・中島実（訳） 田研出版 (Gelman, R. & Gallistel, C. R. 1978 *The child's understanding of number.* Harvard University Press.)

ピアジェ, J.・シェミンスカ, A. 1962 数の発達心理学 遠山啓・銀林浩・滝沢武久（訳） 国土社 (Piaget, J. & Szeminska, A. 1941 avec le concours de sept collaborateurs. *La genèse du nombre chez l'enfant.* Neuchâtel: Delachaux & Niestle.)

藤永保・斎賀久敬・春田喬・内田伸子 1997 人間発達と初期環境：指揮環境の貧困に基づく発達遅延児の長期追跡研究 改訂 有斐閣

2章

栗山和広 1995 1章 数概念 吉田甫・多鹿秀継（編） 認知心理学からみた数の理解 北大路書房 pp.11-32.

岡本ゆかり 1995 4章 低学年の文章題 吉田甫・多鹿秀継（編） 認知心理学からみた数の理解 北大路書房 pp.83-102.

3章

Brown, J. S. & Burton, R. R. 1978 Diagnostic models for procedural bugs in basic mathematical skills. *Cognitive Sience*, **2**: 155-192.

大久保かおる・糸井尚子 2000 引き算における小学生の誤答と大学生のバグ検出能力 東京学芸大学紀要 51集 pp.111-121.

糸井尚子 1989 幼児の無限概念 児童研究 68巻 pp.10-21.

吉田甫 2003 学力低下をどう克服するか―子どもの目線から考える 新曜社

Mix, K. S., Levine, S. C. & Huttenlocher, J. 1999 Early fraction calculation ability. *Developmental Psychology*, **35**: 164-174.

Singer-Freeman, K. E. & Goswami, U. 2001 Does half a pizza equal half a box of chocolates? Proportional matching in an analogy task Analogies in fractions learning: effects of relational and surface similarity. *Cognitive Development*, **16**: 811-829.

Pothier, Y. & Sawada, D. 1983 Partitioning: the emergence of rational number ideas in young children. *Journal of Research in Mathematics Education*, **14**(4): 307-317.

コックス, M.　1999　子どもの絵と心の発達　子安増生(訳)　有斐閣選書(Cox, M. 1992 *Childrenl's drawings*. London: Penguin Books.)

Yuzawa, M., Bart, W. M., Yuzawa, M. & Ito, J.　2005　Young children's knowledge and strategies for comparing sizes. *Early Childhood Research Quarterly*, **20**(2): 239-253.

糸井尚子・柴田真季子・斉藤大地・具英姫　2007　小学校算数における分数の指導についての教科書の比較　1.日本と韓国の算数教科書の比較　東京学芸大学紀要58集

韓国教育人的資源部　ソウル教育大学校国定図書編纂委員会　2006　数学4年　교육인적자원부　서울 교육 대학교 국정도서 편찬 위원회 (주) 천재교육　㈱天才教育

杉山吉茂・飯高茂・伊藤説朗他　2005　新編 新しい算数4年上　東京書籍

吉田甫・栗山和広　1991　分数概念の習得過程に関する発達的研究　教育心理学研究39巻　pp.382-391.

藤村宣之　1997　児童の数学的概念の理解に関する発達的研究　風間書房

De Bock, D., Verschaffel, L., Janssens, D., Van Dooren, W. & Claes, K. 2003 Do realistic contexts and graphical representations always have a beneficial impact on students' performance? Negative evidence from a study on modelling non-linear geometry problems. *Learning and Instruction*, **13**(4): 441-463.

ヴィゴツキー　1962　思考と言語, 上・下　柴田義松（訳）　明治図書出版

Lawton, F. 2005 Number. In A. Hansen ed. *Children's Errors in Mathematics: Understanding Common Misconceptions*. Exeter, UK :Learning Matters Ltd.

糸井尚子　印刷中　アナロジーによる幼児の比率理解：図形の形状が及ぼす効果　発達心理学研究

4章

糸井尚子・近藤裕子・齋藤大地　2007　体積の問題に対する2つの解法の比較　日本発達心理学会第18回大会論文集

坂本美紀　1995　分数の文章題解決に関連する個人差要因の検討　教育心理学研究43巻2号　pp.167-176.

Turkeltaub, P. E., Gareau,L., Flowers, D. L., Zeffiro, T. A. & Eden, G. F. 2003 Development of neural mechanisms for reading. *Nature Neuroscience*, **6**:

767-773.

多鹿秀継　1995　5章　高学年の文章題　吉田甫・多鹿秀継（編）　認知心理学からみた数の理解　北大路書房　pp.103-120.

糸井尚子　1996　第1部　糸井尚子・小林順子　算数・数学能力を育てる―子どもたちとの対話を通して―　サイエンス社

糸井尚子・山﨑博・高木智　1999　平面図形の求積についての理解の構造　東京学芸大学紀要 50集　pp.29-39.

5章

Bandura, A. 1977 Self-efficacy: Toward a unifying theory of behavioral change. *Psychological Review*, **84**(2), March: 191-215.

Lepper, M. R., Greene, D. & Nisbett, R. E. 1973 Undermining children's intrinsic interest with extrinsic reward: A test of the "overjustification" hypothesis. *Journal of Personality and Social Psychology*, **28**(1): 129-137.

Dweck, C. S. 1986 Motivational Processes Affecting Learning. *American Psychologist*, **41**(10): 1040-1048.

吉田甫　1991　子どもは数をどのように理解しているのか―数えることから分数まで　新曜社

6章

友永雅己・田中正之・松沢哲郎　2003　チンパンジーの認知と行動の発達　京都大学学術出版会

Rutter, M. 2006 *Genes And Behavior: Nature-Nurture Interplay Explained*. Blackwell Pub.

プロミン, R.　1994　遺伝と環境―人間行動遺伝学入門　安藤寿康・大木秀一（訳）　培風館

Plomin, R. 1999 Genetics and general cognitive ability. *Nature*, **402**, c25-c27.

横山詔一・渡邊正孝　2007　記憶・思考・脳（キーワード心理学シリーズ3）　新曜社

Pascalis, O., de Haan, M. & Nelson, C. A. 2002 Is Face Processing Species-Specific During the First Year of Life? *Science*, **296**: 1321-1323.

Huttenlocher P. R. & Dabholkar, A. S. 1997 Regional differences in synaptogenesis in human cerebral cortex. *The Journal of comparative neurology*, **387**: 167-78.

Plomin, R., DeFries, J. C., McClearn, G. E. & McGuffin, P. 2000 *Behavioral Genetics: A Primer*. W. H. Freeman & Co Ltd.

Thompson, L. A., Detterman, D. K. & Plomin, R. 1991 Association between cognitive abilities and scholastic achievement: Genetic overlap and environmental differences. *Psychological Science*, **2**: 158-165.

Kovas, Y., Petrill. S. A. & Plomin. R.　2007　The Origins of Diverse Domains of Mathematics: Generalist Genes but Specialist Environments. *Journal of Educational Psychology*, **99**: 128-139.

Price, T. S., Eley, T. C., Dale, P. S., Stevenson, J., Saudino, K. & Plomin, R.　2000　Genetic and environmental covariation between verbal and non-verbal cognitive development in infancy. *Child Development*, **71**(4): 948-959.

村石幸正・豊田秀樹　1998　古典的テスト理論と遺伝因子分析モデルによる標準学力検査の分析　教育心理学研究46巻4号　pp.395-402.

Wijsman, E. M., Robinson, N. M., Kathryn, H., Ainsworth, K. H., Rosenthal, E. A., Holzman, T. & Raskind, W. H.　2004　Familial Aggregation Patterns in Mathematical Ability. *Behavior Genetics* **34**(1): 51-62.

Siegler, R. S.　2001　Children's discoveries and Brain-Damaged Patients' Rediscoveries. In McClelland. J. L. & Sigler, R. S. eds. *Mechanisms of cognitive development*. LEA.

安藤寿康　1992　人間行動遺伝学と教育　教育心理学研究40巻　pp.96-120.

上野一彦・服部美佳子・海津亜希子　2005　軽度発達障害の心理アセスメント―WISC－3の上手な利用と事例　日本文化科学社

Sternberg, R. J.　2003　*Wisdom, intelligence, and creativity synthesized.* Cambridge, UK; Cambridge University Press.

索　引

あ行

アイデンティティ　87
　──の確立対拡散　88
一卵性双生児　107
一対一対応　19
一対一の原理　21
遺伝　96
遺伝子　94
遺伝要因　98, 103, 107-109
遺伝率　107
WISC　119
ADHD　102
液状図　55
親の発達　91

か行

外言　67
学力　111
仮分数　46
感覚記憶　35
環境　96
環境要因　98-100, 102, 107, 109
記憶能力　69, 105
記憶の再体制化　77
記号処理能力　69, 104
基数　16, 19
基数性の原理　21
基本的信頼　87, 88
教授法　118
共有環境要因　109
勤勉性の段階　88

空間的処理能力　69
九九　33
位取り　41
グラフ　76
繰り下がり　40
計算間違い　37
言語性知能　119
言語能力　69
行動遺伝学　98
ことばの遅れ　100

さ行

作業記憶　25, 35, 36
自己効力感　81
自己中心的発話　67
自然数　44
シナプス　107
自閉　96
自閉スペクトラム　100
循環反応　15
順序安定性の原理　21
順序無関連の原理　21
小数　46
序数　16, 19
真分数　46
推理力　69
数的能力　69
成長ホルモン　81
線形ミス・コンセプション　62
双生児研究法　107
測定される知能　103, 104

た行

体積　70
体罰　81
帯分数　46, 56, 57
足し算　44
単位量　55
短期記憶　25
知能指数　106
知能の鼎立理論　121
抽象性の原理　21
長期記憶　35
直感像　34
通分　46
テープ図　55-57
動作性知能　119
等分割　51-56
ドーパミン　85

　　　な行

内言　67
二卵性双生児　107
認知技能　113
認知能力　69

　　　は行

バグ　41
発達段階　29
発達の最近接領域　65
パニック障害　102

引き算　44
非共有環境要因　109
描画　52
表現型　98
プラス・マイナス　45
プラン　75
文章題　32
分子　59
分数　46, 48, 49, 51, 55-60
分母　59
保存課題　27
ポリジーン・システム　98

　　　ま行

ミス・コンセプション　64
無限　22
メタ認知　75
面積　54
メンデルの法則　98
モニタリング　75
問題解決　37

　　　や行

ヤーキーズ・ドッドソンの法則
　　84, 85
養子研究法　107

　　　わ行

割合　60

著者紹介

糸井 尚子（いとい ひさこ）
お茶の水女子大学大学院人間文化研究科博士課程中退
現在　東京学芸大学総合教育科学系教授
主著　『教育心理学エチュード』（編著）川島書店
　　　『発達心理学エチュード』（共編著）川島書店
　　　『算数・数学能力を育てる』（共著）サイエンス社
　　　『現代の発達心理学』（分担執筆）有斐閣
　　　『社会化の心理学ハンドブック』（分担執筆）川島書店　など

子どもは小さな数学者
――子どもをみつめる心理学／子どものなかの40億年

2008年6月10日　第1版第1刷発行
2012年9月30日　第1版第2刷発行

　　　　　　　　　　　　　著　者　糸井　尚子
　　　　　　　　　　　　　発行者　田中　千津子
　　　　　　　　　　　　　発行所　㈱学文社

〒153-0064　東京都目黒区下目黒3-6-1
電話　(03) 3715-1501代　振替 00130-9-98842
　　　　　　　　　http://www.gakubunsha.com

乱丁・落丁の場合は本社にてお取替えします。　　印刷所　新灯印刷
定価は売上カード，カバーに表示。　　　　　　　〈検印省略〉
ISBN978-4-7620-1762-9
Ⓒ Hisako Itoi 2008 Printed in Japan